패턴은 외롭지 않다

The Pairs of Patterns

서로 대화하는 두 개의 패턴

WRITTEN BY Mr. Sun

패턴은 외롭지 않다

1판 1쇄 2014년 2월 15일

저　　자　Mr. Sun
펴 낸 곳　OLD STAIRS
출판 등록　2008년1월10일 제300-2008-3호
주　　소　서울시 마포구 서교동 464-7
이 메 일　oldstairs@daum.net

가격　6,000원
ISBN　978-89-97221-22-6
　　　978-89-97221-21-9

이 책의 전부 또는 일부를 재사용하려면 반드시 OLD STAIRS의 동의를 받아야 합니다.
잘못 만들어진 책은 구매하신 서점에서 교환하여 드립니다.

The Pairs of Patterns

이 책을 외롭게
혼자서 공부하지 마세요.

이 교제에는 자세하고 친절한 내용의
무료 MP3강의가 포함되어 있습니다.

휴대폰을 이용해 손쉽게 다운받으세요.
그리고 언제 어디서든 Mr. Sun과 나디아,
두 분의 선생님과 함께하세요.

영어공부가
의외로 즐겁고 행복해질 수도 있습니다.

머리말

오래 전 누군가는 이런 생각을 했습니다.
"사진이 꿈틀 꿈틀 움직일 수 있을까?"
물론 이런 생각 덕분에 우리는 영화를 볼 수 있게 되었지요.
당시로써는 기가 막힌 아이디어였지만 지금 생각해 보면
'너무나 당연한 어떤 것'이지요.

이 책도 그런 아이디어가 될 수 있을지 기대해 봅니다.
왜냐하면 말이죠,
영어회화 지문만으로는 응용력을 키울 수 없으니까요.
또, 반면, 패턴만으로는 아무래도 실전감각이 떨어지기 때문이죠.
여기까지는 모두들 동의해주실 것이라 믿어요.

그렇다면 말이죠...
패턴과 패턴이 대화하는 이 학습법 역시
언젠가는 '너무나 당연한 어떤 것'이 되어줄 수 있을까요?
라고 조심스럽게 기대해 봐도 되는 것일까요?

I'm not interested in~.

Are you interested in~?

A가 말을 걸면

Table of Contents

B가 응답한다

The Pairs of Patterns

Unit 001	얼마나 빨리 ~할 수 있겠니? 약 ~정도 걸릴 거야.	How soon can you ~ It will take about ~	016
Unit 002	~하자. 난 ~할 기분 아니야.	Let's go ~ I don't feel like ~	020
Unit 003	난 ~에는 소질이 없어. 넌 ~을 잘 하잖아.	I'm terrible at ~ You are good at ~	024
Unit 004	~에 감사 드려요. ~은 저의 기쁨이었어요.	Thank you for ~ It was my pleasure ~	028
Unit 005	난 ~할 거라고 예상치 못 했어. 난 네가 ~할 거라고 예상치 못 했어.	I didn't expect ~ I didn't expect you ~	032
Unit 006	난 ~해서 좋아. 난 ~이 좋아.	I'm so happy to ~ I'm so happy that ~	036
Unit 007	너 왜 ~인지 아니? ~때문이야.	Do you know why ~ It's because ~	040
Unit 008	~을 축하해! ~하는 게 그리 대단한 일은 아니야.	Congratulations on ~ It's not a big deal ~	044
Unit 009	~하는 거 그만 해. 나도 내가 ~하면 안 되는 거 알아.	Stop ~ I know I shouldn't ~	048
Unit 010	왜 그렇게 ~한 거야? 내가 그렇게 ~해 보여?	Why are you so ~ Do I look that ~	052
Unit 011	~할 시간이야. ~하기엔 너무 이른 거 아니야?	It's time ~ Isn't it too early ~	056
Unit 012	너 ~이 확실하니? ~라는 말은 아니야.	Are you sure ~ I didn't mean ~	060
Unit 013	우리는 ~해야 해. 언제까지 우리는 ~해야 해?	We have to ~ Until when do we have to ~	064
Unit 014	내가 ~하게 해 줘. 그렇다면, ~	Let me ~ If so, ~	068
Unit 015	넌 ~를 믿니? ~같은 건 없어.	Do you believe in ~ There's no such a thing as ~	072
Unit 016	난 ~을 생각 중이야. 너 ~을 포기할 수 있어?	I'm thinking of ~ Can you give up ~	076

Unit 017	~을 어떻게 생각해? 내가 ~할 수 있으리라곤 생각하지 않아.	How do you think ~ I don't think I can ~	080
Unit 018	~해야 할 거야. 내가 왜 ~해야 해?	You will have to ~ Why do I have to ~	084
Unit 019	~을 결심 했어. 네가 ~하지 못 한다는 데 걸겠어.	I've decided ~ I bet you can't ~	088
Unit 020	~을 잊지 마. ~할 수 없다고 말했잖아.	Don't forget ~ I told you I can't ~	092
Unit 021	아무도 ~을 모르지. ~을 믿을 수가 없어.	Nobody knows ~ I can't believe ~	096
Unit 022	~에서 특별한 게 있었어? ~에서 특별한 게 없었어.	Was there anything special ~ There was nothing special ~	100
Unit 023	왜 ~하지 않은 거야? ~을 할 시간이 없었어.	Why didn't you ~ I had no time ~	104
Unit 024	~하는 게 어때? 나는 ~할 형편이 안 돼.	How about ~ I can't afford ~	108
Unit 025	너 그렇게 ~하면 안 되지. 네가 날 ~하게 만들었잖아.	You can't just ~ You made me ~	112
Unit 026	넌 기꺼이 ~할 거야? ~은 미친 짓이야.	Are you willing to ~ It's crazy to ~	116
Unit 027	아마도 우리는 ~해야 해. 어디서 ~할 수 있니?	Maybe we should ~ Where can we ~	120
Unit 028	~하고 싶어 죽겠어. ~은 말하지도 마.	I'm dying to ~ Don't even mention ~	124
Unit 029	넌 ~이 두려워? 누가 ~를 신경 쓴다는 거야?	Are you afraid of ~ Who cares ~	128
Unit 030	난 ~을 원하지 않아. ~하는 게 그리 나쁘지는 않을 거야.	I don't want ~ It wouldn't be so bad ~	132
Unit 031	내가 기꺼이 ~할게. ~라는 게 무슨 의미야?	I'm willing to ~ What do you mean ~	136
Unit 032	~하지 않을래? 난 네가 ~할 수 있는지 몰랐어.	Would you like ~ I didn't know you could ~	140

Unit			
Unit 033	~하는 습관을 들여. 난 ~하려고 노력하고 있어.	Make it a habit ~ I'm trying ~	144
Unit 034	~하는 게 낫겠어. 너는 ~할 만 해.	I would rather ~ You deserve ~	148
Unit 035	~하는 게 어때? ~할 때가 아니야.	Why don't you ~ It's not a good time ~	152
Unit 036	도대체 어떻게 ~한 거야? 넌 ~을 궁금해 하는 거야?	How come ~ Are you wondering ~	156
Unit 037	~을 사과할게. ~라고는 기대하지도 않았어.	I apologize for ~ I didn't expect ~	160
Unit 038	나는 ~에 익숙해. 넌 몇 번이나 ~해 봤어?	I am used to ~ How many times have you ~	164
Unit 039	~하느라 바빴어. ~하는 데 시간 낭비하지 마.	I was busy ~ Don't waste your time ~	168
Unit 040	~할 필요 없어. ~은 가능하지도 않아.	There's no need ~ It's not even possible ~	172
Unit 041	넌 ~했어야 했어. ~하는 건 정말 답답해.	You should have ~ It's so frustrating ~	176
Unit 042	~의 차이가 뭐야? 단지 ~의 문제일 뿐이야.	What's the difference between ~ It's just a matter of ~	180
Unit 043	~하는 건 너무 어려워. 그냥 ~해 봐.	It's too difficult ~ Just try ~	184
Unit 044	나 ~을 잊었어. ~하는 게 놀랄 일도 아니지.	I forgot ~ It's no wonder ~	188
Unit 045	난 언제 ~할 수 있어? ~하기 전엔 안 돼.	When can I ~ Not until ~	192
Unit 046	~하기는 정말 힘들어. 그게 내가 ~하는 이유야.	It's so hard ~ That's the reason why I ~	196
Unit 047	~라고는 말하지 마. 너 ~을 어떻게 알았어?	Don't tell me ~ How did you know ~	200
Unit 048	~는 아주 쉬워. 그게 ~을 의미하지는 않아.	It's so easy ~ It doesn't mean ~	204

Unit 049	너 ~을 알고 있었어? ~해서 기뻐.	Did you know ~ I'm glad ~	208
Unit 050	넌 얼마나 ~했니? 난 ~하지 않았어.	How much did you ~ I didn't ~	212
Unit 051	~에 관심이 있니? 난 ~에 관심이 없어.	Are you interested in ~ I'm not interested in ~	216
Unit 052	난 ~할 준비가 됐어. ~은 끝냈어?	I'm ready to ~ Are you done ~	220
Unit 053	내가 ~하길 바라니? 네가 ~하길 원하는 건 아니야.	Do you want me ~ I don't want you ~	224
Unit 054	~하는 방법을 모르겠어. 내가 ~하는 방법을 보여 줄게.	I don't know how to ~ Let me show you how to ~	228
Unit 055	널 ~하게 만들진 않을 거야. 넌 이미 날 ~하게 만들었어.	I won't make you ~ You already made me ~	232
Unit 056	편하게 ~해. ~해 줘서 고마워.	Feel free to ~ It's nice of you to ~	236
Unit 057	~한 최선의 방법이 뭘까? 방법은 ~ 뿐이야.	What is the best way ~ The only way is ~	240
Unit 058	언제까지 ~할 거니? 난 ~할 거야.	Until when are you going to ~ I'm going to ~	244
Unit 059	~하는 게 좋을 거야. ~하려고 했었어.	You had better ~ I was about to ~	248
Unit 060	난 ~하는 게 낫겠어. 단지 ~때문이야?	I would rather ~ Is that just because ~	252
Unit 061	난 ~하지 않을 수 없어. 그게 바로 ~한 이유야.	I can't help ~ That's why ~	256
Unit 062	난 ~하곤 했어. ~하지 않는다는 말이야?	I used to ~ You mean you don't ~	260
Unit 063	~할 사람? 내가 ~할 거라고 기대하진 마.	Who is going to ~ Don't expect me to ~	264
Unit 064	무슨 일이 있어도 ~ 난 ~하려 최선을 다 할 거야.	No matter what you do, just ~ I will do my best ~	268

Unit 065	~에 대한 별다른 변명이 있어? 난 ~해야만 했었어.	Do you have any excuses for ~ I had to ~	272
Unit 066	넌 언제 ~할 거야? 왜 내가 ~할 거라고 생각하는 거야?	When will you ~ Why do you think I will ~	276
Unit 067	얼마나 ~ 한 번 ~	How ~ Once you ~	280
Unit 068	~은 가치가 있어. ~은 소용 없어.	It is worth ~ It is useless ~	284
Unit 069	너는 ~하는대로 ~을 할 수 있어. 난 ~할 때까지 기다릴 수 없어.	We can ~ as soon as ~ I can't wait until ~	288
Unit 070	~라는 게 확실하니? 난 ~라고 한 적 없어.	Are you sure ~ I've never said ~	292
Unit 071	난 ~을 하느라 힘들어. ~하는 게 누구에게나 쉬운 건 아니지.	I'm having difficulty ~ It's not easy for everybody ~	296
Unit 072	~하다니 미쳤구나. 내가 ~한 게 아니야.	You are crazy ~ I'm not the one ~	300
Unit 073	~라는 게 사실이니? 아무도 ~을 모르지.	Is it true ~ Nobody knows ~	304
Unit 074	언제 내가 ~해야 해? ~하기엔 이미 늦었어.	When should I ~ It's already too late ~	308
Unit 075	어떤 종류의 ~ 내가 가장 좋아하는 종류의 ~	What kind of ~ My favorite kind of ~	312
Unit 076	가장 좋아하는 ~이 뭐야? 내가 가장 좋아하는 ~	What is your favorite ~ My favorite ~	316
Unit 077	~한 사람 있니? ~해서 내가 얻는 게 뭔데?	Is there anyone ~ What do I earn if I ~	320

Unit 001

PATTERN A
얼마나 빨리 ~할 수 있겠니?
How soon can you ~

How soon can you ~
- finish it?
- deliver?
- get here?
- give me an answer?
- join the company?

PATTERN B
약 ~정도 걸릴 거야.
It will take about ~

It will take about ~
- 30 minutes.
- an hour.
- 2 hours.
- a week.
- a month.

급할 때일수록 돌아가란 말이 있습니다. 하지만 정말 다급한 상황에서 마음을 진정시키고 평정을 찾기란 쉽지 않습니다. 한 시로 예정된 친구의 결혼식에 가야 하는데, 미팅이 예상보다 훨씬 더 늦게 끝나 버렸네요. 급히 택시를 잡아탔지만 도로는 너무 막히고요. 그럴 때면 자꾸만 이렇게 묻게 되겠지요. '거기까지 얼마나 빨리 갈 수 있나요?' 바로 이 패턴을 사용해서 말이지요.

얼마나 빨리~ 할 수 있겠니?

- 그것을 끝낼
- 배달할
- 여기에 올
- 나에게 답을 줄
- 회사에 합류할

B가 응답한다

인터넷 쇼핑 즐겨 하시나요? 인터넷 쇼핑의 단점은 곧바로 물건을 받아 볼 수 없다는 것입니다. 결제 후 배송이 얼마나 걸리는지 꼭 체크를 해야 하지요. 어떤 일에 대해서, '그건 얼마만큼 시간이 걸려'라고 말을 할 때 이 패턴을 사용할 수 있습니다.

약 ~정도 걸릴 거야.

- 30분
- 한 시간
- 두 시간
- 한 주
- 한 달

The Pairs of Patterns 패턴은 외롭지 않다.

Unit 001
서로 대화하는 두 개의 패턴! PATTERN A+B

A: How soon can you finish it?

B: It will take about 30 minutes. **Give or take 5 minutes.**

A: How soon can you deliver?

B: It will take about an hour. **Give or take 10 minutes.**

A: How soon can you get here?

B: It will take about 2 hours. **Give or take 20 minutes.**

A: How soon can you give me an answer?

B: It will take about a week. **Give or take a day.**

A: How soon can you join the company?

B: It will take about a month. **Give or take a week.**

A: 얼마나 빨리 그것을 끝낼 수 있겠니?

B: 삼십 분 정도 걸려요. 오 분 정도 차이가 있을 수 있고요.

A: 얼마나 빨리 배달할 수 있겠니?

B: 한 시간 정도 걸려요. 십 분 정도 차이가 있을 수 있고요.

A: 얼마나 빨리 여기에 올 수 있겠니?

B: 두 시간 정도 걸려요. 이십 분 정도 차이가 있을 수 있고요.

A: 얼마나 빨리 나에게 답을 줄 수 있겠니?

B: 일주일 정도 걸려요. 하루 정도 차이가 있을 수도 있고요.

A: 얼마나 빨리 회사에 합류할 수 있겠니?

B: 한 달 정도 걸려요. 일 주 정도 차이가 있을 수 있고요.

Unit 002

PATTERN A

~하자.
Let's go ~

Let's go ~
- for a walk.
- on a picnic.
- enjoy the party.
- play badminton.
- out to eat some delicious pancakes.

PATTERN B

난 ~할 기분 아니야.
I don't feel like ~

I don't feel like ~
- going for a walk.
- going on a picnic.
- enjoying the party.
- playing badminton.
- eating anything now.

무엇인가를 함께 하자고 제안할 때 흔히 사용하는 패턴입니다.

~하자.

- 산책을 하자
- 소풍을 가자
- 파티를 즐기자
- 배드민턴을 치자
- 맛있는 팬 케이크를 먹으러 나가자

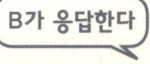
B가 응답한다

'I'm not in the mood'와 비슷한 의미의 패턴입니다. 상대방이 어떤 제안을 해왔을 때, 거절의 의미로 사용하는 패턴이지요. 그럴 걸 할 기분은 아니라고 말이에요.

난 ~할 기분 아니야.

- 산책하러 갈
- 소풍을 갈
- 파티를 즐길
- 배드민턴을 칠
- 지금은 뭔가를 먹을

The Pairs of Patterns 패턴은 외롭지 않다.

Unit 002
서로 대화하는 두 개의 패턴! PATTERN A+B

A: Let's go for a walk.

B: I don't feel like going for a walk. **I am too tired.**

A: Let's go on a picnic.

B: I don't feel like going on a picnic. **I am too busy.**

A: Let's go enjoy the party.

B: I don't feel like enjoying the party. **I am too sleepy.**

A: Let's go play badminton.

B: I don't feel like playing badminton. **I am too exhausted.**

A: Let's go out to eat some delicious pancakes.

B: I don't feel like eating anything now. **I am too full.**

A: 산책을 하자.

B: 난 산책하러 갈 기분 아니야. 난 너무 피곤해.

A: 소풍을 가자.

B: 난 소풍을 갈 기분 아니야. 난 너무 바빠.

A: 파티를 즐기자.

B: 난 파티를 즐길 기분 아니야. 난 너무 졸려.

A: 배드민턴을 치자.

B: 난 배드민턴을 칠 기분 아니야. 난 너무 지쳤어.

A: 맛있는 팬 케이크를 먹으러 나가자.

B: 난 지금은 뭔가를 먹을 기분 아니야. 난 너무 배가 불러.

Unit 003

A가 말을 걸면

PATTERN A

난 ~에는 소질이 없어.
I'm terrible at ~

I'm terrible at ~
- singing.
- writing.
- speaking English.
- making friends.
- organizing things.

PATTERN B

넌 ~을 잘 하잖아.
You are good at ~

You are good at ~
- dancing.
- drawing.
- speaking Chinese.
- picking up a girlfriend.
- cooking.

누구나 한 가지 이상의 소질을 가지고 있지요. 그리고 그 반대로, 누구에게나 이 것만큼은 영 젬병인 것들도 있고요. 운동을 정말 못하는 '몸치'인 사람도 있고, '음치'인 사람도 있고… 이 패턴을 사용해 자신이 없는 어떤 일에 대해 말할 수 있습니다.

난 ~에는 소질이 없어.

- 노래하는 것
- 글 쓰는 것
- 영어로 말하는 것
- 친구를 만드는 것
- 물건을 정리하는 것

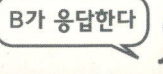

B가 응답한다

칭찬은 고래도 춤추게 한다고들 하지요. 친구에게 장점이 보인다면 아낌없이 칭찬을 해 주세요. 혹시 모르잖아요. 공짜 술이라도 한 번 얻어먹을 수 있을지.

넌 ~을 잘 하잖아.

- 춤 추는 것
- 그림 그리는 것
- 중국어로 말하는 것
- 여자친구를 사귀는 것
- 요리하는 것

Unit 003
서로 대화하는 두 개의 패턴! PATTERN A+B

A: I'm terrible at singing.

B: But you are good at dancing. **That's more difficult.**

A: I'm terrible at writing.

B: But you are good at drawing. **That's more difficult.**

A: I'm terrible at speaking English.

B: But you are good at speaking Chinese. **That's more difficult.**

A: I'm terrible at making friends.

B: But you are good at picking up a girlfriend. **That's more difficult.**

A: I'm terrible at organizing things.

B: But you are good at cooking. **That's more difficult.**

A: 난 노래하는 것에는 소질이 없어.

B: 하지만 넌 춤을 잘 추잖아. 그게 더 어려운 거야.

A: 난 글 쓰는 것에는 소질이 없어.

B: 하지만 넌 그림을 잘 그리잖아. 그게 더 어려운 거야.

A: 난 영어로 말하는 것에는 소질이 없어.

B: 하지만 넌 중국어를 잘 하잖아. 그게 더 어려운 거야.

A: 난 친구를 만드는 것에는 소질이 없어.

B: 하지만 넌 여자친구를 잘 사귀잖아. 그게 더 어려운 거야.

A: 난 물건을 정리하는 것에는 소질이 없어.

B: 하지만 넌 요리를 잘 하잖아. 그게 더 어려운 거야.

Unit 004  A가 말을 걸면

PATTERN A

~에 감사 드려요.
Thank you for ~

Thank you for ~
- your coming.
- your help.
- your advice.
- your support.
- your effort.

PATTERN B

~은 저의 기쁨이었어요.
It was my pleasure ~

It was my pleasure ~
- to be with you.
- to help you.
- to talk to you.
- to support you.
- to work for you.

고맙다는 말은 아무리 해도 모자라지 않는 것 같습니다. 사소한 일이라도 그냥 넘기지 않고 감사를 표하는 사람은 정말 매력적이지요. 그런 사람이라면 들어주기 어려운 부탁이라도 선뜻 들어주고 싶은 마음이 들기도 하고요. 이 패턴을 사용해 상대방에 대한 고마움을 표현해 보세요.

~에 감사 드려요.

- 당신의 방문에
- 당신의 도움에
- 당신의 충고에
- 당신의 지지에
- 당신의 수고에

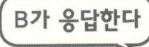

고마움을 표하는 상대방에게 대답으로 해 줄 수 있는 패턴입니다. 내가 좋아서 하는 일이니, 개의치 말라는 것이지요.

~은 저의 기쁨이었어요.

- 당신과 함께 한 것은
- 당신을 도와준 것은
- 당신과 이야기 한 것은
- 당신을 지지한 것은
- 당신을 위해 일한 것은

Unit 004
서로 대화하는 두 개의 패턴! PATTERN A+B

A: Thank you for your coming.

B: It was my pleasure to be with you.

A: Thank you for your help.

B: It was my pleasure to help you.

A: Thank you for your advice.

B: It was my pleasure to talk to you.

A: Thank you for your support.

B: It was my pleasure to support you.

A: Thank you for your effort.

B: It was my pleasure to work for you.

A: 당신의 방문에 감사 드려요.

B: 당신과 함께 한 것은 저의 기쁨이죠.

A: 당신의 도움에 감사 드려요.

B: 당신을 도와준 것은 저의 기쁨이죠.

A: 당신의 충고에 감사 드려요.

B: 당신과 이야기 한 것은 저의 기쁨이죠.

A: 당신의 지지에 감사 드려요.

B: 당신을 지지한 것은 저의 기쁨이죠.

A: 당신의 수고에 감사 드려요.

B: 당신을 위해 일한 것은 저의 기쁨이죠.

Unit 005

PATTERN A

난 ~할 거라고 예상치 못했어.
I didn't expect ~

I didn't expect ~
- to see you here.
- to get a letter from her.
- to fall in love with you.
- to get drunk so early.
- to get such a high mark.

PATTERN B

난 네가 ~할 거라고 예상치 못했어.
I didn't expect you ~

I didn't expect you ~
- to be here.
- to get a letter from her.
- to fall in love with me.
- to get drunk so early.
- to get such a high mark.

모든 일이 예상한 대로만 된다면 얼마나 좋을까요. 하지만 그럴 수 있을 리가 없습니다. 예상치 못한 어떤 결과가 나왔거나 어떤 상황이 닥쳤을 때, '와 진짜 이건 예상하지 못 했는데…'라는 의미로 사용할 수 있는 패턴입니다.

난 ~할 거라고 예상치 못 했어.

| 널 여기서 볼
| 그녀에게서 편지를 받을
| 너와 사랑에 빠질
| 그렇게 빨리 취할
| 그렇게 높은 점수를 받을

B가 응답한다

그리고 그 예상치 못한 행동을 한 사람이 바로 앞에 있다면, 이렇게 말할 수 있겠지요. '나도 네가 그럴 줄 몰랐어!'라고요.

난 네가 ~할 거라고 예상치 못 했어.

| 여기 있을
| 그녀에게서 편지를 받을
| 나와 사랑에 빠질
| 그렇게 빨리 취할
| 그렇게 높은 점수를 받을

Unit 005
서로 대화하는 두 개의 패턴! PATTERN A+B

A: I didn't expect to see you here.

B: Me neither. How come you are here?

A: I didn't expect to get a letter from her.

B: Me neither. How come you got a letter from her?

A: I didn't expect to fall in love with you.

B: Me neither. How come you fell in love with me?

A: I didn't expect to get drunk so early.

B: Me neither. How come you got drunk so early?

A: I didn't expect to get such a high mark.

B: Me neither. How come you got such a high score?

A: 난 널 여기서 볼 거라고 예상치 못 했어.

B: 나도 그래. 어떻게 여기에 온 거야?

A: 난 그녀에게서 편지를 받을 거라고 예상치 못 했어.

B: 나도 그래. 어떻게 그녀로부터 편지를 받은 거야?

A: 난 너와 사랑에 빠질 거라고 예상치 못 했어.

B: 나도 그래. 어떻게 나와 사랑에 빠지게 된 거야?

A: 난 그렇게 빨리 취할 거라고 예상치 못 했어.

B: 나도 그래. 어떻게 그렇게 빨리 취해버린 거야?

A: 난 그렇게 높은 점수를 받을 거라고 예상치 못 했어.

B: 나도 그래. 어떻게 그런 높은 점수를 받은 거야?

Unit 006

PATTERN A

난 ~해서 좋아.
I'm so happy to ~

I'm so happy to ~
- have you here.
- get a present from you.
- be alive.
- be invited for dinner.
- be done with the paper.

PATTERN B

난 ~이 좋아.
I'm so happy that ~

I'm so happy that ~
- I'm here.
- you feel good about it.
- you're alive.
- I can cook for you.
- the paper is completed.

반가운 일을 겪었을 때 사용할 수 있는 패턴입니다.

난 ~해서 좋아.

널 여기서 만나서

너에게 선물을 받아서

살아있어서

저녁 식사에 초대되어서

그 과제를 끝내서

B가 응답한다

반가운 일을 겪었을 때 사용할 수 있는 패턴입니다.

난 ~이 좋아.

내가 여기 있다는 것이

네가 그걸로 기분이 좋다니

네가 살아있다는 것이

내가 너를 위해 요리할 수 있다는 것이

그 과제가 끝났다는 것이

Unit 006
서로 대화하는 두 개의 패턴! PATTERN A+B

A: I'm so happy to have you here.

B: I'm so happy that I'm here.

A: I'm so happy to get a present from you.

B: I'm so happy that you feel good about it.

A: I'm so happy to be alive.

B: I'm so happy that you're alive.

A: I'm so happy to be invited for dinner.

B: I'm so happy that I can cook for you.

A: I'm so happy to be done with the paper.

B: I'm so happy that the paper is completed.

A: 난 널 여기서 만나서 좋아.

B: 난 내가 여기 있다는 것이 좋아.

A: 난 너에게 선물을 받아서 좋아.

B: 난 네가 그걸로 기분이 좋다니 좋아.

A: 난 살아있어서 좋아.

B: 난 네가 살아있다는 것이 좋아.

A: 난 저녁 식사에 초대되어서 좋아.

B: 난 내가 너를 위해 요리할 수 있다는 것이 좋아.

A: 난 그 과제를 끝내서 좋아.

B: 난 그 과제가 끝났다는 것이 좋아.

Unit 007

PATTERN A

너 왜 ~인지 아니?
Do you know why ~

Do you know why ~
- she left early?
- she drank too much last night?
- she broke up with her boyfriend?
- they had a big fight that night?
- he doesn't like her to drink?

PATTERN B

~때문이야.
It's because ~

It's because ~
- she felt hangover.
- she felt so blue.
- she asked to break up first.
- she drinks too often.
- she is a terrible drunk.

평소 술을 잘 마시지도 않던 친구가 어느 날 보니 술을 엄청나게 들이붓고 있네요. 분명 무슨 일이 있는 것 같습니다. 이 패턴을 사용해서 주변 사람에게 물어볼 수 있겠군요. '너 걔가 왜 그러는지 알아?'라고요.

너 왜 ~인지 아니?

| 그녀가 일찍 떠났는지
| 그녀가 어젯밤 술을 많이 마셨는지
| 그녀가 그녀의 남자친구와 헤어졌는지
| 그들이 그날 밤에 크게 싸웠는지
| 그녀가 술을 마시는 것을 그가 좋아하지 않는지

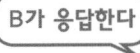

어떤 사건에 대한 이유를 물어보는 질문을 받았을 때, 그에 대한 대답으로 쓸 수 있는 패턴입니다. 물론, 당신이 그 이유를 잘 알고 있다면요. 잘 알지도 모르면서 섣불리 답을 주었다가는 나중에 무슨 일이 생길지 모르잖아요.

~때문이야.

| 그녀가 숙취가 있었기
| 그녀가 아주 우울했기
| 그녀가 먼저 헤어지자고 요청했기
| 그녀가 종종 술을 많이 마셨기
| 그녀가 끔찍한 술버릇을 가지고 있기

Unit 007
서로 대화하는 두 개의 패턴! PATTERN A+B

A: Do you know why she left early?

B: It's because she felt hangover. **She drank too much last night.**

A: Do you know why she drank too much last night?

B: It's because she felt so blue. **She broke up with her boyfriend.**

A: Do you know why she broke up with her boyfriend?

B: It's because she asked to break up first. **They had a big fight that night.**

A: Do you know why they had a big fight that night?

B: It's because she drinks too often. **He hated it.**

A: Do you know why he doesn't like her to drink?

B: It's because she is a terrible drunk. **She picks a fight with anybody.**

A: 너 왜 그녀가 일찍 떠났는지 아니?

B: 숙취 때문이야. 어젯밤 술을 너무 많이 마셨거든.

A: 너 왜 그녀가 어젯밤 술을 많이 마셨는지 아니?

B: 그녀가 너무 우울했기 때문이야. 그녀의 남자친구와 헤어졌거든.

A: 너 왜 그녀가 그녀의 남자친구와 헤어졌는지 아니?

B: 그녀가 먼저 헤어지자고 했어. 그날 밤 둘이 크게 싸웠거든.

A: 너 왜 그들이 그날 밤에 크게 싸웠는지 아니?

B: 그녀가 너무 술을 자주 마시기 때문이야. 그는 그걸 싫어했거든.

A: 너 왜 그녀가 술을 마시는 것을 그가 좋아하지 않는지 아니?

B: 그녀의 끔찍한 술버릇 때문이야. 그녀는 술을 마시면 싸움을 걸거든.

Unit 008

PATTERN A

~을 축하해!
Congratulations on ~

Congratulations on ~
- your promotion!
- your graduation!
- passing the test!
- winning the scholarship!
- getting your driver's license!

PATTERN B

~하는 게 그리 대단한 일은 아니야.
It's not a big deal ~

It's not a big deal ~
- to get promoted.
- to graduate from a college.
- to pass the test.
- to win a scholarship.
- to get a driver's license.

슬픔은 나누면 절반이 되고, 기쁨은 나누면 두 배가 된다는 말 들어보셨나요? 좋은 일, 기쁜 일일수록 여러 사람들과 함께 축하하고 격려하다 보면 그 즐거움이 훨씬 더 커지고는 합니다. 승진을 했다든지, 시험에 합격했다든지, 친구에게 그런 좋은 일이 생긴다면 이 표현을 사용하여 축하해 주세요.

~을 축하해!

- 네 승진을
- 네 졸업을
- 시험 통과를
- 장학금 수상을
- 운전면허 취득을

B가 응답한다

기다리던 승진 발표가 드디어 나왔습니다. 당신은 합격이로군요! 당신의 라이벌은 탈락을 했고요. 다가가서 이 패턴을 사용해 으스대며 말할 수도 있겠네요. '그게 뭐 딱히 대단한 일은 아니야'라고요. 물론, 그러다가 한 대 맞을 수도 있으니 조심하시고요.

~하는 게 그리 대단한 일은 아니야.

- 승진을 하는 게
- 대학을 졸업하는 게
- 시험을 통과하는 게
- 장학금을 타는 게
- 운전면허를 따는 게

The Pairs of Patterns 패턴은 외롭지 않다.

Unit 008
서로 대화하는 두 개의 패턴! PATTERN A+B

A: Congratulations on your promotion!

B: It's not a big deal. **It was just a matter of time.**

A: Congratulations on your graduation!

B: It's not a big deal. **It was just a matter of time.**

A: Congratulations on passing the test!

B: It's not a big deal. **It was just a matter of courage.**

A: Congratulations on winning the scholarship!

B: It's not a big deal. **It was just a matter of effort.**

A: Congratulations on getting your driver's license!

B: It's not a big deal. **It was just a matter of memory.**

A: 네 승진을 축하해!

B: 대단한 일은 아냐. 시간 문제일 뿐이었지.

A: 네 졸업을 축하해!

B: 대단한 일은 아냐. 시간 문제일 뿐이었지.

A: 시험 통과를 축하해!

B: 대단한 일은 아냐. 배짱의 문제일 뿐이었지.

A: 장학금 수상을 축하해!

B: 대단한 일은 아냐. 노력의 문제일 뿐이었지.

A: 운전면허 취득을 축하해!

B: 대단한 일은 아냐. 기억력의 문제일 뿐이었지.

Unit 009

A가 말을 걸면

PATTERN A

~하는 거 그만 해.
Stop ~

Stop ~
- drinking.
- fighting him.
- yelling at me.
- buying things.
- bothering me.

PATTERN B

나도 내가 ~하면 안 되는 거 알아.
I know I shouldn't ~

I know I shouldn't ~
- drink.
- fight.
- yell.
- buy anymore.
- bother you.

오랜 싸움은 보는 사람도 지치게 만듭니다. 두 친구가 한참 동안이나 같은 문제로 계속 싸우고 있네요. 그런 상황에서, '그만 좀 해라'라고 말하고 싶을 때 이 패턴을 사용할 수 있습니다.

~하는 거 그만 해.

> 술 마시는
> 그와 싸우는
> 나에게 소리치는
> 무엇인가를 사는
> 나를 귀찮게 하는

B가 응답한다

그러면 안 된다는 것을 알면서도 어쩔 수 없이 하게 되는 일이 있잖아요. 내일 오전 일찍 약속이 있지만, 그래도 오늘 같은 날씨엔 꼭 파전에 막걸리 한 잔을 마셔야 한다든지... 이 패턴을 사용해 당신의 행동을 변호해 보세요. '그러면 안 된다는 건 나도 알지'라고요.

나도 내가 ~하면 안 되는 거 알아.

> 술을 마시면
> 싸우면
> 소리지르면
> 더 이상 사면
> 너를 귀찮게 하면

The Pairs of Patterns 패턴은 외롭지 않다.

Unit 009
서로 대화하는 두 개의 패턴! PATTERN A+B

A: Stop drinking.

B: I know I shouldn't drink. **But it's raining today.**

A: Stop fighting him.

B: I know I shouldn't fight. **But he picks a fight with me.**

A: Stop yelling at me.

B: I know I shouldn't yell. **But you make me annoyed.**

A: Stop buying things.

B: I know I shouldn't buy anymore. **But I earn too much money.**

A: Stop bothering me.

B: I know I shouldn't bother you. **But it's too fun.**

A: 술 마시는 거 그만 해.

B: 나도 술을 마시면 안 된다는 거 알아. 하지만 오늘은 비가 오는 걸.

A: 그와 싸우는 거 그만 해.

B: 나도 싸우면 안 된다는 거 알아. 하지만 그가 나에게 시비를 거는 걸.

A: 나에게 소리치는 거 그만 해.

B: 나도 너에게 소리지르면 안 된다는 거 알아. 하지만 네가 날 짜증 나게 하는 걸.

A: 무엇인가를 사는 거 그만 해.

B: 나도 더 이상 사면 안 된다는 거 알아. 하지만 난 돈을 너무 많이 벌어.

A: 나를 귀찮게 하는 거 그만 해.

B: 나도 널 귀찮게 하면 안 된다는 거 알아. 하지만 그건 너무 재미있는 걸.

Unit 010

A가 말을 걸면

PATTERN A
왜 그렇게 ~한 거야?
Why are you so ~

Why are you so ~
- upset?
- happy?
- sad?
- serious?
- stressed?

PATTERN B
내가 그렇게 ~해 보여?
Do I look that ~

Do I look that ~
- upset?
- happy?
- sad?
- serious?
- stressed?

상대방의 기분을 잘 파악하는 편이신가요? 친구가 왜인지 기분이 좋지 않아 보이네요. 그럴 땐 이 패턴을 사용해서 '왜 그렇게 화가 났니?'라고 물어볼 수 있습니다.

왜 그렇게 ~한 거야?

| 화가 난
| 행복한
| 슬픈
| 심각한
| 스트레스를 받는

B가 응답한다

자신의 감정을 들키는 것이 부끄러울 때가 종종 있습니다. 감정을 숨기고 애써 태연한 척 하고 있는데, 누군가가 꼭 집어 '너 왜 그렇게 화가 난 건데?'라고 물어온다면 이 패턴을 사용해 대답해 주세요. '내가 그래 보여?'라고요.

**내가 그렇게
~해 보여?**

| 화가 나
| 행복해
| 슬퍼
| 심각해
| 스트레스를 받아

The Pairs of Patterns 패턴은 외롭지 않다.

Unit 010
서로 대화하는 두 개의 패턴! PATTERN A+B

A: Why are you so upset?

B: Do I look that upset? **I'm actually not that upset.**

A: Why are you so happy?

B: Do I look that happy? **I'm actually not that happy.**

A: Why are you so sad?

B: Do I look that sad? **I'm actually not that sad.**

A: Why are you so serious?

B: Do I look that serious? **I'm actually not that serious.**

A: Why are you so stressed?

B: Do I look that stressed? **I'm actually not that stressed.**

A: 왜 그렇게 화가 난 거야?

B: 내가 화가 나 보여? 사실 그렇게 화가 난 건 아니야.

A: 왜 그렇게 행복한 거야?

B: 내가 행복해 보여? 사실 그렇게 행복한 건 아니야.

A: 왜 그렇게 슬픈 거야?

B: 내가 슬퍼 보여? 사실 그렇게 슬픈 건 아니야.

A: 왜 그렇게 심각한 거야?

B: 내가 심각해 보여? 사실 그렇게 심각한 건 아니야.

A: 왜 그렇게 스트레스를 받는 거야?

B: 내가 스트레스 받는 것처럼 보여? 사실 그렇게 스트레스를 받는 건 아니야.

Unit 011

 A가 말을 걸면

PATTERN A

~할 시간이야.
It's time ~

It's time ~
- to leave.
- to wake up.
- to eat something.
- to go home.
- to go to the movie theater.

PATTERN B

~하기엔 너무 이른 거 아니야?
Isn't it too early ~

Isn't it too early ~
- to leave?
- to wake up?
- to eat something?
- to go home?
- to go to the movie theater?

하루 중 점심 식사를 하는 시간이 가장 즐겁고 행복하지 않나요? 식사를 한다는 즐거움 그 자체도 있지만, 공부나 일 중간에 찾아오는 달콤한 휴식으로 느껴지기도 하잖아요. '점심 먹을 시간이야'라는 말을 들을 때의 그 행복감이란!

~할 시간이야.

- 갈
- 일어날
- 뭔가를 먹을
- 집으로 갈
- 영화관에 갈

B가 응답한다

아직 열두 시도 채 되지 않았는데, 일하는 동료들이 벌써 점심을 먹자고 보채는군요. 어지간히도 일이 하기 싫은가 봅니다. 이 패턴을 통해 대답해 줄 수 있겠군요. 그러기엔 아직 너무 이르다고요.

~하기엔 너무 이른 거 아니야?

- 떠나기엔
- 일어나기엔
- 뭔가를 먹기엔
- 집에 가기엔
- 영화관에 가기엔

Unit 011
서로 대화하는 두 개의 패턴! PATTERN A+B

A: It's time to leave.

B: Isn't it too early? **There is no subway running now.**

A: It's time to wake up.

B: Isn't it too early? **It's still dark outside.**

A: It's time to eat something.

B: Isn't it too early? **I'm still full.**

A: It's time to go home.

B: Isn't it too early? **We still have lots of work to do.**

A: It's time to go to the movie theater.

B: Isn't it too early? **It still takes time to start the movie.**

A: 갈 시간이야.

B: 너무 이르지 않아? 지하철도 아직 없어.

A: 일어날 시간이야.

B: 너무 이르지 않아? 밖이 아직 어둡잖아.

A: 뭔가를 먹을 시간이야.

B: 너무 이르지 않아? 난 아직 배가 불러.

A: 집으로 갈 시간이야.

B: 너무 이르지 않아? 우린 아직 할 일이 너무 많아.

A: 영화관에 갈 시간이야.

B: 너무 이르지 않아? 영화가 시작하려면 아직 멀었어.

Unit 012

PATTERN A

너 ~이 확실하니?
Are you sure ~

Are you sure ~
- to quit your job?
- to trust him?
- to eat them all?
- to fire him?
- to rewrite the whole essay?

PATTERN B

~라는 말은 아니야.
I didn't mean ~

I didn't mean ~
- to quit my job.
- to trust him.
- to eat them all.
- to fire him.
- to rewrite the whole essay.

상대방이 무엇인가 새로운 결정을 내렸다고 하네요. 그 결정에 대해 의심을 가지고 있다면, '그거 확실하니? 정말 확신하는 거야?'라고 물어볼 수 있겠지요. 그럴 때 사용할 수 있는 패턴입니다. 'sure'는 '확신하다'라는 뜻의 단어이지요.

너 ~이 확실하니?

- 일을 그만 두는 것
- 그를 믿는 것
- 그것을 다 먹는다는 것
- 그를 해고하는 것
- 글 전체를 다시 쓰는 것

B가 응답한다

일단 말은 꺼내 두었는데, 잠시 뒤에 조금 생각해 봤더니 '아차!'싶을 때가 있잖아요. 아니면 장난 식으로 가볍게 던진 말인데 상대방이 너무 진지하게 받아들이고 있다든가요. 그럴 때면 잠시 뒤로 물러설 수 있도록 변명이 필요합니다. '진짜 그렇게 하겠다는 말은 아니었어!'라는 변명이요. 이 패턴을 그런 변명으로 쓸 수 있습니다.

~라는 말은 아니야.

- 일을 그만 두겠다는
- 그를 믿는다는
- 그것을 다 먹어버린다는
- 그를 해고하겠다는
- 글 전체를 다시 쓰겠다는

Unit 012
서로 대화하는 두 개의 패턴! PATTERN A+B

A: Are you sure to quit your job?

B: I didn't mean it. **I'm just saying that I want to take a rest for a while.**

A: Are you sure to trust him?

B: I didn't mean it. **I'm just saying that he sometimes says something reasonable.**

A: Are you sure to eat them all?

B: I didn't mean it. **I'm just saying that they all look delicious.**

A: Are you sure to fire him?

B: I didn't mean it. **I'm just saying that I will transfer to another department.**

A: Are you sure to rewrite the whole essay?

B: I didn't mean it. **I'm just saying that I will revise the introduction little bit.**

A: 너 일을 그만 두는 것이 확실하니?

B: 그런 말은 아니야. 단지 좀 쉬고 싶다는 거지.

A: 너 그를 믿는 것이 확실하니?

B: 그런 말은 아니야. 가끔은 그도 맞는 말을 할 때가 있다는 거지.

A: 너 그것을 다 먹는다는 것이 확실하니?

B: 그런 말은 아니야. 단지 그것들 모두 맛있어 보인다는 거지.

A: 너 그를 해고하는 것이 확실하니?

B: 그런 말은 아니야. 단지 다른 부서로 옮기겠다는 거지.

A: 너 글 전체를 다시 쓰는 것이 확실하니?

B: 그런 말은 아니야. 단지 서론을 조금 수정하겠다는 거지.

Unit 013  A가 말을 걸면

PATTERN A
우리는 ~해야 해.
We have to ~

We have to ~
- keep waiting.
- keep practicing.
- keep working.
- keep fighting.
- keep believing.

PATTERN B
언제까지 우리는 ~해야 해?
Until when do we have to ~

Until when do we have to ~
- wait?
- practice?
- work?
- fight?
- believe?

해야 할 일이 산더미처럼 쌓여있습니다. 그걸 아는 것인지 모르는 것인지, 다들 저녁 식사를 마쳤으면서도 자리를 일어날 생각을 하질 않네요. 이러다간 밤새 작업을 해야 할지도 모르는데 말이에요. 물론, 동료들의 마음을 이해하지 못 하는 것은 아닙니다. 사실 아침부터 지금까지 한시도 쉬지 못하고 일만 했거든요. 하지만 그래도, 해야 할 일은 마저 다 해야지요.

우리는 ~해야 해.

- 계속 기다려야
- 계속 연습해야
- 계속 일해야
- 계속 싸워야
- 계속 믿어야

B가 응답한다

프로젝트 마감 직전의 사무실. 아무리 일을 해도 끝이 보이지가 않네요. 지금까지 놀기만 했던 것도 아닌데, 어째서 할 일이 끊임없이 튀어나오는지... 도대체 언제까지 이 일을 해야만 하는 것일까요. 오늘 안에 퇴근은 할 수 있는 것일까요. 이 패턴을 사용해 불평을 늘어놓으며 남은 일이 얼마나 되는지 물어볼 수 있겠군요.

언제까지 우리는 ~해야 해?

- 기다려야
- 연습해야
- 일해야
- 싸워야
- 믿어야

Unit 013
서로 대화하는 두 개의 패턴! PATTERN A+B

A: We have to keep waiting.

B: Until when do we have to wait? **We've waited enough.**

A: We have to keep practicing.

B: Until when do we have to practice? **We've practiced enough.**

A: We have to keep working.

B: Until when do we have to work? **We've worked enough.**

A: We have to keep fighting.

B: Until when do we have to fight? **We've fought enough.**

A: We have to keep believing.

B: Until when do we have to believe? **We've believed enough.**

A: 우리는 계속 기다려야 해.

B: 언제까지 기다려야 해? 충분히 기다렸다고.

A: 우리는 계속 연습해야 해.

B: 언제까지 연습해야 해? 충분히 연습했다고.

A: 우리는 계속 일해야 해.

B: 언제까지 일해야 해? 충분히 일했다고.

A: 우리는 계속 싸워야 해.

B: 언제까지 싸워야 해? 충분히 싸웠다고.

A: 우리는 계속 믿어야 해.

B: 언제까지 믿어야 해? 충분히 믿었다고.

Unit 014

PATTERN A

내가 ~하게 해 줘.
Let me ~

Let me ~
- go first.
- sing a song for you.
- challenge you.
- be your friend.
- be your math tutor.

PATTERN B

그렇다면, ~
If so, ~

If so, ~
- I will follow you.
- I will be listening to your song.
- I will make you regret.
- I would be glad.
- I will be your student.

너무 직설적인 표현은 상대방으로 하여금 부담을 느끼게 하기도 합니다. 무엇인가를 하길 원한다는 말을, 조금 돌려서 부드럽게 말하고자 할 때 쓸 수 있는 패턴입니다. '내가 ~할 수 있도록 해 줘'라는 뉘앙스이지요.

내가 ~하게 해 줘.

- 먼저 가게
- 너를 위해 노래를 부르게
- 너에게 도전하게
- 네 친구가 되게
- 네 수학 과외 선생님이 되게

B가 응답한다

상대방의 어떤 제안에 대한 대답으로 쓸 수 있는 패턴입니다. '만약 네가 그렇게 한다면~'라는 의미를 가진 패턴이지요.

그렇다면, ~

- 난 너를 따라갈게.
- 내가 네 노래를 듣고 있을게.
- 난 널 후회하게 만들어 줄게.
- 나도 기쁠 거야.
- 난 네 학생이 될게.

Unit 014
서로 대화하는 두 개의 패턴! PATTERN A+B

A: Let me go first.

B: If so, I will follow you.

A: Let me sing a song for you.

B: If so, I will be listening to your song.

A: Let me challenge you.

B: If so, I will make you regret.

A: Let me be your friend.

B: If so, I would be glad.

A: Let me be your math tutor.

B: If so, I will be your student.

A: 내가 먼저 가게 해 줘.

B: 그렇다면, 난 너를 따라갈게.

A: 내가 너를 위해 노래를 부르게 해 줘.

B: 그렇다면, 내가 네 노래를 듣고 있을게.

A: 내가 너에게 도전하게 해 줘.

B: 그렇다면, 난 널 후회하게 만들어 줄게.

A: 내가 네 친구가 되게 해 줘.

B: 그렇다면, 나도 기쁠 거야.

A: 내가 네 수학 과외 선생님이 되게 해 줘.

B: 그렇다면, 난 네 학생이 될게.

Unit 015

PATTERN A

넌 ~를 믿니?
Do you believe in ~

Do you believe in ~
- ghosts?
- UFOs?
- real love?
- god?
- previous life?

PATTERN B

~같은 건 없어.
There's no such a thing as ~

There's no such a thing as ~
- ghosts.
- UFOs.
- real love.
- god.
- previous life.

이 세상에는 아직 밝혀지지 않은 미스터리한 일들이 있지요. UFO나 귀신의 존재 같은 것들이요. 이 패턴을 사용해 어떤 것의 존재를 믿느냐고 물어볼 수 있습니다.

넌 ~를 믿니?

- 유령
- UFO
- 진정한 사랑
- 신
- 전생

B가 응답한다

누군가가 터무니 없는 어떤 것에 대한 믿음을 가지고 있다면, 이 패턴을 사용해 답해줄 수 있겠군요. 이 세상에 그런 건 없다고 말이에요.

~같은 건 없어.

- 유령
- UFO
- 진정한 사랑
- 신
- 전생

Unit 015
서로 대화하는 두 개의 패턴! PATTERN A+B

A: Do you believe in ghosts?

B: There's no such a thing. **It's all bullshit.**

A: Do you believe in UFOs?

B: There's no such a thing. **It's all bullshit.**

A: Do you believe in real love?

B: There's no such a thing. **It's all bullshit.**

A: Do you believe in god?

B: There's no such a thing. **It's all bullshit.**

A: Do you believe in previous life?

B: There's no such a thing. **It's all bullshit.**

A: 넌 유령을 믿니?

B: 그런 건 없어. 다 개소리라고.

A: 넌 UFO를 믿니?

B: 그런 건 없어. 다 개소리라고.

A: 넌 진정한 사랑을 믿니?

B: 그런 건 없어. 다 개소리라고.

A: 넌 신을 믿니?

B: 그런 건 없어. 다 개소리라고.

A: 넌 전생을 믿니?

B: 그런 건 없어. 다 개소리라고.

Unit 016  A가 말을 걸면

PATTERN A

난 ~을 생각 중이야.
I'm thinking of ~

I'm thinking of ~
- immigration.
- marriage.
- divorce.
- quitting my job.
- being an ordinary youth.

PATTERN B

너 ~을 포기할 수 있어?
Can you give up ~

Can you give up ~
- all your friends?
- freedom?
- consolation money?
- your promotion?
- your fan's shouting?

어떤 행동을 하기 전, 다른 사람으로부터 확인을 받고 싶을 때가 있습니다. 그것이 해도 괜찮은 일인지요. 이 패턴을 통해 '나 무엇 하려고 생각 중이야'라고 말할 수 있습니다.

난 ~을 생각 중이야.

- 이민을
- 결혼을
- 이혼을
- 내 일을 그만두는 것을
- 평범한 청년이 되는 것을

B가 응답한다

친구가 커다란 기회비용이 발생하는 어떤 일을 하고 싶어 하네요. 당신이라면 절대 하지 않을 일을 말이에요. 가령, 이곳에서 이루어 놓은 모든 것을 포기하고 오지 탐험가가 되고 싶어 한다든지… 이 패턴을 사용해 그게 진심이냐고 물어볼 수 있겠군요. 다른 걸 포기하면서까지 그걸 할 수 있겠냐고요.

너 ~을 포기할 수 있어?

- 네 모든 친구들을
- 자유를
- 위자료를
- 네 승진을
- 네 팬들의 함성을

The Pairs of Patterns 패턴은 외롭지 않다. 077

Unit 016
서로 대화하는 두 개의 패턴! PATTERN A+B

A: I'm thinking of immigration.

B: Can you give up all your friends? **Friendship was everything in your life.**

A: I'm thinking of marriage.

B: Can you give up freedom? **Having a drink all night long is the pleasure of your life.**

A: I'm thinking of divorce.

B: Can you give up consolation money? **Her brother is a divorce attorney.**

A: I'm thinking of quitting my job.

B: Can you give up your promotion? **You've worked so hard to be promoted.**

A: I'm thinking of being an ordinary youth.

B: Can you give up your fan's shouting? **That was the reason why you became a singer.**

A: 난 이민을 생각 중이야.

B: 네 친구들을 전부 포기할 수 있어? 우정이 네 삶의 전부였잖아.

A: 난 결혼을 생각 중이야.

B: 자유를 포기할 수 있어? 밤 새 술 마시는 게 네 삶의 낙이잖아?

A: 난 이혼을 생각 중이야.

B: 위자료를 포기할 수 있어? 그녀의 오빠는 이혼전문 변호사라고.

A: 난 내 일을 그만두는 것을 생각 중이야.

B: 네 승진을 포기할 수 있어? 승진하기 위해 그렇게 열심히 일했던 거잖아.

A: 난 평범한 청년이 되는 것을 생각 중이야.

B: 팬들의 함성을 포기할 수 있어? 그게 바로 네가 가수가 된 이유잖아.

Unit 017

PATTERN A

~을 어떻게 생각해?
How do you think ~

How do you think ~
- about taking a break next week?
- about joining the party tonight?
- about making up with him?
- about having a blind date?
- about adopting a child?

PATTERN B

내가 ~할 수 있으리라곤 생각하지 않아.
I don't think I can ~

I don't think I can ~
- take a break next week.
- join the party.
- see him anymore.
- have a new date.
- adopt a child.

어떤 일에 대해서, '넌 그걸 어떻게 생각해?'라며 상대방의 의견을 물어볼 때 사용할 수 있는 패턴입니다. 'What do you think ~?'의 형태로 바꾸어 사용할 수도 있습니다.

~을 어떻게 생각해?

- 다음주에 쉬는 것에 대해
- 오늘 밤 파티에 가는 것에 대해
- 그와 화해하는 것에 대해
- 소개팅을 하는 것에 대해
- 아이를 입양하는 것에 대해

B가 응답한다

친구가 무엇인가 새로운 제안을 내놓는군요. 그 일을 하지 못할 것 같다면, 이 패턴을 통해 당신의 의견을 말하며 거절 의사를 내보일 수 있습니다. 물론 단지 그 일이 하기 싫어 핑계를 댈 때에도 마찬가지이고요.

내가 ~할 수 있으리라곤 생각하지 않아.

- 다음주에 쉴
- 파티에 참여할
- 그를 더 이상 볼
- 새 애인을 가질
- 아이를 입양할

Unit 017
서로 대화하는 두 개의 패턴! PATTERN A+B

A: How do you think about taking a break next week?

B: I don't think I can. **The presentation has been delayed to next week.**

A: How do you think about joining the party tonight?

B: I don't think I can. **My doctor told me not to have a drink.**

A: How do you think about making up with him?

B: I don't think I can. **I'm too disappointed at him.**

A: How do you think about having a blind date?

B: I don't think I can. **I decided not to trust a guy any more.**

A: How do you think about adopting a child?

B: I don't think I can. **Because, my doctor says I am pregnant.**

A: 다음주에 쉬는 것에 대해 어떻게 생각해?

B: 못 할 것 같아. 발표가 다음 주로 미뤄졌거든.

A: 오늘 밤 파티에 가는 것에 대해 어떻게 생각해?

B: 못 할 것 같아. 의사가 나에게 술을 마시지 말라고 했거든.

A: 그와 화해하는 것에 대해 어떻게 생각해?

B: 못 할 것 같아. 나 그에게 너무 실망했어.

A: 소개팅을 하는 것에 대해 어떻게 생각해?

B: 못 할 것 같아. 난 더 이상 남자를 믿지 않기로 결심했어.

A: 아이를 입양하는 것에 대해 어떻게 생각해?

B: 못 할 것 같아. 의사가 말하길 나 임신했대.

Unit 018  A가 말을 걸면

PATTERN A

~해야 할 거야.
You will have to ~

You will have to ~
- say sorry.
- pay for this.
- listen to me.
- be close with him.
- kill me first.

PATTERN B

내가 왜 ~해야 해?
Why do I have to ~

Why do I have to ~
- say sorry?
- pay for that?
- listen to you?
- be close with him?
- kill you?

급한 일은 아니지만, 조만간 꼭 해야만 하는 일이 있을 때. 그 일에 대해 상대방에게 잊지 말라고 말해줄 수 있겠지요. '너 그거 해야 해'라고 말할 때 사용하는 패턴입니다. 'have to~'는 '~을 해야 한다'는 뜻의 조동사이기 때문에 그 뒤에 꼭 동사원형이 와야 합니다.

~해야 할 거야.

| 사과 해야
| 돈을 내야
| 내 말을 들어야
| 그와 가까워져야
| 나를 먼저 죽여야

B가 응답한다

혹시 싸우고 온 친구에게 '네가 먼저 사과해'라는 조언을 해 보신 적 있으세요? 보통 '내가 왜? 내가 왜 미안하다고 해야 해?'라는 대답이 돌아오기 일쑤입니다. 싸우고 나서 시간이 얼마 지나지 않았다면 더더욱 그렇지요. 바로 이 패턴을 사용한 대답 말이에요.

내가 왜 ~해야 해?

| 사과 해야
| 돈을 내야
| 네 말을 들어야
| 그와 가까워져야
| 너를 죽여야

Unit 018
서로 대화하는 두 개의 패턴! PATTERN A+B

A: You will have to say sorry.

B: Why do I have to? **I didn't do anything wrong.**

A: You will have to pay for this.

B: Why do I have to? **That was not my decision.**

A: You will have to listen to me.

B: Why do I have to? **It's none of your business.**

A: You will have to be close with him.

B: Why do I have to? **I can't handle him.**

A: You will have to kill me first.

B: Why do I have to? **You can't even stop me.**

A: 사과 해야 할 거야.

B: 내가 왜 그래야 해? 난 아무 잘못도 안 했어.

A: 돈을 내야 할 거야.

B: 내가 왜 그래야 해? 내 결정도 아니었잖아.

A: 내 말을 들어야 할 거야.

B: 내가 왜 그래야 해? 이거 네 일도 아니잖아.

A: 그와 가까워져야 할 거야.

B: 내가 왜 그래야 해? 나 그를 못 다루겠어.

A: 나를 먼저 죽여야 할 거야.

B: 내가 왜 그래야 해? 넌 날 절대 멈출 수 없어.

Unit 019  A가 말을 걸면

PATTERN A

~을 결심 했어.
I've decided ~

I've decided ~
- to quit my job.
- to break up with her.
- to be a vegetarian.
- to wake up early in the morning.
- to throw out all the gifts from him.

PATTERN B

네가 ~하지 못 한다는 데 걸겠어.
I bet you can't ~

I bet you can't ~
- quit your job.
- break up with her.
- be a vegetarian.
- wake up early.
- throw them out.

모든 결정에는 그에 따른 기회비용이 있기 마련입니다. 때문에 어떤 결정을 하든 항상 신중해야만 합니다. 오랜 고민 끝에 무엇인가를 하기로 결정했다면, 그 결심을 다른 사람에게 알리고자 한다면 그때 이 패턴을 사용하여 당신의 마음을 표현할 수 있습니다.

~을 결심 했어.

- 일을 그만두는 것을
- 그녀와 헤어지는 것을
- 채식주의자가 되는 것을
- 아침에 일찍 일어나는 것을
- 그에게 받은 모든 선물을 버리는 것을

B가 응답한다

날마다 계속되는 야근에 지칠 대로 지친 친구가 새로운 결심을 했다고 합니다. 일을 때려치우기로요. 하지만 사실, 그 말을 들은 게 올해에만 벌써 세 번째이네요. 이번이라고 해서 뭐가 다를까요. '네가 그럴 수 있을 리 없지'라는 말을 하고자 할 때, 이 패턴을 사용해 말할 수 있습니다.

네가 ~하지 못 한다는 데 걸겠어.

- 일을 그만두지
- 그녀와 헤어지지
- 채식주의자가 되지
- 일찍 일어나지
- 그것들을 내다 버리지

The Pairs of Patterns 패턴은 외롭지 않다.

Unit 019
서로 대화하는 두 개의 패턴! PATTERN A+B

A: I've decided to quit my job.

B: I bet you can't. **Think about your wife.**

A: I've decided to break up with her.

B: I bet you can't. **I mean, unless you die.**

A: I've decided to be a vegetarian.

B: I bet you can't. **I know you can't live without meat.**

A: I've decided to wake up early in the morning.

B: I bet you can't. **You always stay up all night to have a drink.**

A: I've decided to throw out all the gifts from him.

B: I bet you can't. **By the way, how about I keep them?**

A: 일을 그만두는 것을 결심 했어.

B: 난 네가 못 한다는 데에 걸겠어. 네 아내를 생각해 보라고.

A: 그녀와 헤어지는 것을 결심 했어.

B: 난 네가 못 한다는 데에 걸겠어. 내 말은, 네가 죽지 않는다면 말이야.

A: 채식주의자가 되는 것을 결심 했어.

B: 난 네가 못 한다는 데에 걸겠어. 난 네가 고기 없이 살 수 없다는 걸 알아.

A: 아침에 일찍 일어나는 것을 결심 했어.

B: 난 네가 못 한다는 데에 걸겠어. 넌 항상 밤새도록 술을 마시잖아.

A: 그에게 받은 모든 선물을 버리는 것을 결심 했어.

B: 난 네가 못 한다는 데에 걸겠어. 그나저나, 내가 그것들을 보관해 주는 건 어때?

Unit 020

PATTERN A

~을 잊지 마.
Don't forget ~

Don't forget ~
- to pick me up at 5.
- to come to the family party.
- to take care of my baby tomorrow.
- to bring back my car from the repair shop.
- to help me for cooking dinner tonight.

PATTERN B

~할 수 없다고 말했잖아.
I told you I can't ~

I told you I can't ~
- pick you up.
- come to the family party.
- take care of your baby.
- visit the repair shop.
- help you with that.

아무리 기억력이 좋은 사람이라도 바쁘게 움직이다 보면 꼭 하나쯤은 잊어버리기 마련입니다. 정말 중요한 일이라면, 상대방이 꼭 기억해야 하는 일이라면 이 패턴을 사용해서 다시 한 번 강조해 말해 주세요.

~을 잊지 마.

- 다섯 시에 나를 데리러 오는 것을
- 가족 파티에 오는 것을
- 내일 우리 아이를 돌봐주는 것을
- 카센터에서 내 자동차를 가져오는 것을
- 오늘 밤 저녁 요리를 도와주는 것을

B가 응답한다

이미 할 수 없다고 한 번 거절했던 일인데, 마치 처음 묻는다는 듯 친구가 어떤 일을 부탁해 오네요. 그럴 때면 이 패턴을 사용할 수 있겠지요. '이미 말 했었잖아'라고요.

~할 수 없다고 말했잖아.

- 널 데리러 갈
- 가족 파티에 갈
- 아이를 돌봐줄
- 카센터에 방문할
- 그건 도와줄

Unit 020
서로 대화하는 두 개의 패턴! PATTERN A+B

A: Don't forget to pick me up at 5.

B: I told you I can't. **Ask your boyfriend to pick you up.**

A: Don't forget to come to the family party.

B: I told you I can't. **I'm too busy for that.**

A: Don't forget to take care of my baby tomorrow.

B: I told you I can't. **Babies don't like me.**

A: Don't forget to bring back my car from the repair shop.

B: I told you I can't. **I borrowed some money from the owner of the repair shop.**

A: Don't forget to help me for cooking dinner tonight.

B: I told you I can't. **I got hurt on my hand.**

A: 다섯 시에 나를 데리러 오는 것을 잊지 마.

B: 못 한다고 했잖아. 남자친구에게 데리러 오라고 해.

A: 가족 파티에 오는 것을 잊지 마.

B: 못 한다고 했잖아. 그러기엔 너무 바빠.

A: 내일 우리 아이를 돌봐주는 것을 잊지 마.

B: 못 한다고 했잖아. 아이들이 나를 싫어해.

A: 카센터에서 내 자동차를 가져오는 것을 잊지 마.

B: 못 한다고 했잖아. 나 카센터 사장님에게 돈을 빌렸었단 말이야.

A: 오늘 밤 저녁 요리를 도와주는 것을 잊지 마.

B: 못 한다고 했잖아. 나 손을 다쳤단 말이야.

Unit 021

PATTERN A

아무도 ~을 모르지.
Nobody knows ~

Nobody knows ~
- that she was a dancer.
- that they got divorced.
- that he is gay.
- that she was a very outgoing person.
- that he was on the first place in his school.

PATTERN B

~을 믿을 수가 없어.
I can't believe ~

I can't believe ~
- she was a dancer.
- they got divorced.
- he is gay.
- she was like that.
- he was good at studying.

어떤 소문이 떠돌고 있는데, 그것이 정말 진짜인지는 알 수 없는 경우. 그런 경우를 가리켜 흔히 '심증은 있지만 물증은 없다'라고 표현하고는 하지요. 그처럼, 아무도 정확히 알지는 못하는 어떤 일에 대해서 말할 때 이 패턴을 사용할 수 있습니다.

아무도 ~을 모르지.

- 그녀가 댄서였다는 것을
- 그들이 이혼했었다는 것을
- 그가 게이라는 것을
- 그녀가 매우 외향적인 사람이었다는 것을
- 그가 전교 1등이었다는 것을

B가 응답한다

도저히 믿을 수 없는 놀라운 사실을 알게 되었다면 이 패턴을 사용해 그에 대해 말을 할 수 있습니다. 오랜 기간 동안 짝사랑해왔던 남자가, 알고 보니 게이였다든지…

~을 믿을 수가 없어.

- 그녀가 댄서였다는 것을
- 그들이 이혼했다는 것을
- 그가 게이라는 것을
- 그녀가 그랬다는 것을
- 그가 공부를 잘했다는 것을

Unit 021
서로 대화하는 두 개의 패턴! PATTERN A+B

A: Nobody knows that she was a dancer.

B: I can't believe it. **Isn't she a shy person?**

A: Nobody knows that they got divorced.

B: I can't believe it. **I thought they were made for each other.**

A: Nobody knows that he is gay.

B: I can't believe it. **But, last night I……**

A: Nobody knows that she was a very outgoing person.

B: I can't believe it. **She is an actress.**

A: Nobody knows that he was on the first place in his school.

B: I can't believe it. **Why does he work in the repair shop?**

A: 아무도 그녀가 댄서였다는 것을 모르지.

B: 믿을 수 없어. 그녀는 부끄러움이 많은 사람 아니야?

A: 아무도 그들이 이혼했었다는 것을 모르지.

B: 믿을 수가 없어. 난 그들이 천생연분인 줄 알았어.

A: 아무도 그가 게이라는 것을 모르지.

B: 믿을 수가 없어. 하지만 어젯밤에 난……

A: 아무도 그녀가 매우 외향적인 사람이었다는 것을 모르지.

B: 믿을 수가 없어. 그녀는 배우이잖아.

A: 아무도 그가 전교 1등이었다는 것을 모르지.

B: 믿을 수 없어. 왜 그는 카센터에서 일을 하는 거야?

Unit 022

PATTERN A

~에서 특별한 게 있었어?
Was there anything special ~

Was there anything special ~
- in your trip?
- in the meeting?
- in his concert?
- in your blind date?
- in the semifinal game?

PATTERN B

~에서 특별한 게 없었어.
There was nothing special ~

There was nothing special ~
- in the trip.
- in the meeting.
- in the concert.
- in the blind date.
- in the game.

상대방이 했던 어떤 것에서, 거기에 뭔가 특별한 점이 있었느냐고 물어볼 때 사용하는 패턴입니다. 여행을 다녀온 친구가 있다면 이 패턴을 사용해, 그 여행에 대해서 한번 물어보세요.

~에서 특별한 게 있었어?

- 여행에서
- 회의에서
- 그의 공연에서
- 소개팅에서
- 준결승에서

B가 응답한다

기대감에 가득 차서 나갔던 소개팅인데, 결국 아무 것도 얻은 게 없이 끝난다면 정말 실망스럽겠지요. 어떤 일을 한 이후에, 거기엔 특별한 소득이 없었다고 말하고자 할 때 사용하는 패턴입니다.

~에서 특별한 게 없었어.

- 그 여행에서
- 그 회의에서
- 그 공연에서
- 소개팅에서
- 그 경기에서

Unit 022
서로 대화하는 두 개의 패턴! PATTERN A+B

A: Was there anything special in your trip?

B: There was nothing special in the trip, **except I lost my passport.**

A: Was there anything special in the meeting?

B: There was nothing special in the meeting, **except they fired me.**

A: Was there anything special in his concert?

B: There was nothing special in the concert, **except the stage fell down.**

A: Was there anything special in your blind date?

B: There was nothing special in the blind date, **except her boyfriend broke into the restaurant.**

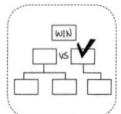

A: Was there anything special in the semifinal game?

B: There was nothing special in the game, **except a player beat the referee.**

A: 여행에서 특별한 게 있었어?

B: 여권을 잃어버린 거 말고는, 여행에서 특별한 건 없었어.

A: 회의에서 특별한 게 있었어?

B: 내가 해고당했다는 거 외에는, 회의에서 특별한 게 없었어.

A: 그의 공연에서 특별한 게 있었어?

B: 무대가 무너졌다는 것 외엔, 콘서트에서 특별한 건 없었어.

A: 소개팅에서 특별한 게 있었어?

B: 그녀의 남자친구가 식당으로 쳐들어왔다는 것 외엔, 소개팅에서 특별한 건 없었어.

A: 준결승에서 특별한 게 있었어?

B: 한 선수가 심판을 때렸다는 것 외엔, 경기에서 특별한 건 없었어.

Unit 023

A가 말을 걸면

PATTERN A

왜 ~하지 않은 거야?
Why didn't you ~

Why didn't you ~

- finish the work?
- send money?
- cook dinner?
- order cat's food?
- walk with my dog?

PATTERN B

~을 할 시간이 없었어.
I had no time ~

I had no time ~

- to finish that work.
- to send money.
- to cook.
- to order.
- to walk with your dog.

친구에게 어떤 일을 맡겨 두었는데, 나중에 확인해 보니 그걸 전혀 해결해 두지 않았군요. 그렇다면 이 패턴을 사용해서 추궁해 보세요. 왜 그걸 하지 않았느냐고요.

왜 ~하지 않은 거야?

- 그 일을 끝내지
- 돈을 보내지
- 저녁을 차리지
- 고양이 밥을 주문하지
- 내 개와 산책하지

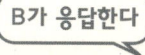
B가 응답한다

핑계를 댈 때 자주 사용할 법한 패턴이네요. 당신이 어떤 일을 하지 않은 것에 대한 핑계를요. 시간이 없었다는데, 뭐 어쩌겠어요.

~을 할 시간이 없었어.

- 그 일을 끝낼
- 돈을 보낼
- 음식을 할
- 주문을 할
- 네 개를 산책시킬

Unit 023
서로 대화하는 두 개의 패턴! PATTERN A+B

A: Why didn't you finish the work?

B: I had no time for that. **I had to take care of Kate's baby.**

A: Why didn't you send money?

B: I had no time for that. **I had to attend a meeting unexpectedly.**

A: Why didn't you cook dinner?

B: I had no time for that. **I've just finished my work.**

A: Why didn't you order cat's food?

B: I had no time for that. **I will order it right away.**

A: Why didn't you walk with my dog?

B: I had no time for that. **I will go for a walk with your dog right now.**

A: 왜 그 일을 끝내지 않은 거야?

B: 그럴 시간이 없었어. 나 케이트의 아이를 봐줘야만 했거든.

A: 왜 돈을 보내지 않은 거야?

B: 그럴 시간이 없었어. 오늘 갑자기 회의를 해야 했거든.

A: 왜 저녁을 차리지 않은 거야?

B: 그럴 시간이 없었어. 내 일이 이제 방금 끝났거든.

A: 왜 고양이 밥을 주문하지 않은 거야?

B: 그럴 시간이 없었어. 지금 당장 주문을 할게.

A: 왜 내 개와 산책하지 않은 거야?

B: 그럴 시간이 없었어. 지금 바로 네 개와 산책을 하러 갈게.

Unit 024

(A가 말을 걸면)

PATTERN A
~하는 게 어때?
How about ~

How about ~
- buying a new car?
- constructing a swimming pool?
- staying at the Shangri-La hotel?
- going to college?
- going on a trip to Buenos Aires?

PATTERN B
나는 ~할 형편이 안 돼.
I can't afford ~

I can't afford ~
- to buy a new car.
- to construct a swimming pool.
- to stay at the hotel.
- the college tuition fee.
- to go there.

상대방에게 무엇인가에 대해 제안을 할 때 사용하는 패턴입니다. 중요한 일이거나 큰 비용이 드는 일일수록 혼자 독단적으로 결정하고 밀어붙이기 보다는, 이렇게 상대방의 의견을 먼저 물어본 뒤 함께 생각해 보는 것이 좋겠지요.

~하는 게 어때?

- 새 차를 사는 게
- 수영장을 만드는 게
- 샹그릴라 호텔에 묵는 게
- 대학에 가는 게
- 부에노스 아이레스로 여행을 가는 게

B가 응답한다

사고 싶은 물건이 있다고 해서, 빚을 내서까지 그것을 꼭 사 버리는 건 결코 현명하지 못한 행동입니다. 아무리 가지고 싶은 물건이더라도, 당장 형편이 되지 않는다면 과감하게 포기하세요. 이 패턴을 사용해 그런 상황에서의 아쉬움을 표현할 수 있겠군요.

나는 ~할 형편이 안 돼.

- 새 차를 살
- 수영장을 만들
- 그 호텔에 묵을
- 대학등록금을 낼
- 거기에 갈

Unit 024
서로 대화하는 두 개의 패턴! PATTERN A+B

A: How about buying a new car?

B: I can't afford it. **It costs a lot to get a new car.**

A: How about constructing a swimming pool?

B: I can't afford it. **It costs a lot to construct a swimming pool.**

A: How about staying at the Shangri-La hotel?

B: I can't afford it. **It costs a lot to stay at the hotel.**

A: How about going to college?

B: I can't afford it. **It costs a lot to go to college.**

A: How about going on a trip to Buenos Aires?

B: I can't afford it. **It costs a lot to go there.**

A: 새 차를 사는 게 어때?

B: 난 그럴 형편이 안 돼. 새 차를 사려면 돈이 많이 들어.

A: 수영장을 만드는 게 어때?

B: 난 그럴 형편이 안 돼. 수영장을 만들려면 돈이 많이 들어.

A: 샹그릴라 호텔에 묵는 게 어때?

B: 난 그럴 형편이 안 돼. 그 호텔에 묵으려면 돈이 많이 들어.

A: 대학에 가는 게 어때?

B: 난 그럴 형편이 안 돼. 대학을 가려면 돈이 많이 들어.

A: 부에노스 아이레스로 여행을 가는 게 어때?

B: 난 그럴 형편이 안 돼. 거기에 가려면 돈이 많이 들어.

Unit 025

PATTERN A

너 그렇게 ~하면 안 되지.
You can't just ~

You can't just ~
- walk away like that.
- cancel the reservation.
- change your mind.
- leave me like that.
- give it up like that.

PATTERN B

네가 날 ~하게 만들었잖아.
You made me ~

You made me ~
- walk away.
- cancel the reservation.
- change my mind.
- leave you.
- give it up.

아무리 친한 사이라 하더라도 최소한의 예의는 제대로 지켜야 하는 법이지요. 하지만 그것조차 무시하고 막무가내로 행동하는 친구가 있다면, 이 패턴을 사용해 따끔하게 경고를 해 주세요. 너 그러면 안 되는 거잖아!

너 그렇게 ~하면 안 되지.

- 그런 식으로 떠나 버리면
- 예약을 취소하면
- 마음을 바꾸면
- 그런 식으로 나를 떠나면
- 그런 식으로 그걸 포기하면

B가 응답한다

사소한 일로 인해 친구와 다툼이 일어났습니다. 먼저 무례하게 행동한 게 누군데, 친구는 무조건 당신의 행동만 비난하는군요. 그렇다면 이 패턴으로 사용해 응수해 주세요. '네가 날 그렇게 만들었잖아'라고요.

네가 날 ~하게 만들었잖아.

- 떠나 버리게
- 예약을 취소하게
- 내 마음을 바꾸게
- 너를 떠나게
- 그것을 포기하게

Unit 025
서로 대화하는 두 개의 패턴! PATTERN A+B

A: You can't just walk away like that.

B: But you made me do so. **What else can I do but walking away?**

A: You can't just cancel the reservation.

B: But you made me do so. **What else can I do but canceling the reservation?**

A: You can't just change your mind.

B: But you made me do so. **What else can I do but changing my mind?**

A: You can't just leave me like that.

B: But you made me do so. **What else can I do but leaving you?**

A: You can't just give it up like that.

B: But you made me do so. **What else can I do but giving it up?**

A: 너 그렇게 그런 식으로 떠나 버리면 안 되지.

B: 네가 날 그렇게 만들었잖아. 떠나버리는 것 말고 내가 뭘 할 수 있겠어.

A: 너 그렇게 예약을 취소하면 안 되지.

B: 네가 날 그렇게 만들었잖아. 예약을 취소해버리는 것 외에 내가 뭘 할 수 있겠어.

A: 너 그렇게 마음을 바꾸면 안 되지.

B: 네가 날 그렇게 만들었잖아. 마음을 바꾸는 것 외에 내가 뭘 할 수 있겠어.

A: 너 그렇게 그런 식으로 나를 떠나면 안 되지.

B: 네가 날 그렇게 만들었잖아. 널 떠나는 것 외에 내가 뭘 할 수 있겠어.

A: 너 그렇게 그런 식으로 그걸 포기하면 안 되지.

B: 네가 날 그렇게 만들었잖아. 그걸 포기하는 것 외에 내가 뭘 할 수 있겠어.

Unit 026

A가 말을 걸면

PATTERN A
넌 기꺼이 ~할 거야?
Are you willing to ~

Are you willing to ~
- accept his challenge?
- buy the house?
- go out with her?
- get a job in that company?
- give up everything for her?

PATTERN B
~은 미친 짓이야.
It's crazy to ~

It's crazy to ~
- accept his challenge.
- buy the house.
- go out with her.
- get that job.
- give up everything for her.

이상한 소식을 들었습니다. 모든 사람이 꺼려하는 일인데, 당신의 친구가 그 일에 자원할 예정이라고 하는군요. 정말로 그 일을 할 생각인 것인지, 이 패턴을 사용해 친구에게 물어볼 수 있습니다. 기꺼이 그 일을 할 것이냐고요.

넌 기꺼이 ~할 거야?

- 그의 도전을 받아들일
- 그 집을 구입할
- 그녀와 데이트를 할
- 그 회사에 취직할
- 그녀를 위해 모든 것을 포기할

B가 응답한다

친구가 어디서 헛소문을 듣고 왔네요. 당신이 다음 달에 챔피언과 맞붙을 것이라는 소문을요. 누가 그런 말을 했는진 모르겠지만, 어쨌든 당신은 알고 있습니다. 그건 미친 짓이라는 것을요...

~은 미친 짓이야.

- 그의 도전을 받아들이는 건
- 그 집을 구입하는 건
- 그녀와 데이트를 하는 건
- 그 일을 하는 건
- 그녀를 위해 모든 것을 포기하는 건

The Pairs of Patterns 패턴은 외롭지 않다.

Unit 026
서로 대화하는 두 개의 패턴! PATTERN A+B

A: Are you willing to accept his challenge?

B: It's crazy to accept his challenge. **He is a serial killer in the ring.**

A: Are you willing to buy the house?

B: It's crazy to buy the house. **Seriously, I heard ghosts live in that house.**

A: Are you willing to go out with her?

B: It's crazy to go out with her. **Her daddy is a gangster.**

A: Are you willing to get a job in that company?

B: It's crazy to get that job. **It's a pyramid marketing company.**

A: Are you willing to give up everything for her?

B: It's crazy to give up everything for her. **No one can get her, anyway.**

A: 넌 기꺼이 그의 도전을 받아들일 거야?

B: 그의 도전을 받아들이는 건 미친 짓이야. 그는 링 위의 연쇄살인마야.

A: 넌 기꺼이 그 집을 구입할 거야?

B: 그 집을 사는 건 미친 짓이야. 내가 진짜 거기에 귀신이 산다고 들었다니까.

A: 넌 기꺼이 그녀와 데이트를 할 거야?

B: 그녀와 데이트를 하는 건 미친 짓이야. 그녀의 아빠는 갱스터라고.

A: 넌 기꺼이 그 회사에 취직할 거야?

B: 그 일을 하는 건 미친 짓이야. 그건 다단계 회사라고.

A: 넌 기꺼이 그녀를 위해 모든 것을 포기할 거야?

B: 그녀를 위해 모든 걸 포기하는 건 미친 짓이야. 아무도 그녀를 가질 수 없어.

Unit 027

A가 말을 걸면

PATTERN A
아마도 우리는 ~해야 해.
Maybe we should ~

Maybe we should ~
- eat first.
- buy the tickets first.
- get a city map first.
- leave our bags first.
- take a rest first.

PATTERN B
어디서 ~할 수 있니?
Where can we ~

Where can we ~
- eat?
- buy the tickets?
- get a city map?
- leave our bags?
- take a rest?

친구와 여행 도중 처음 와 보는 낯선 도시에 도착했습니다. 무얼 먼저 해야 할까요. 아마도… 일단은 도시 지도를 먼저 구해야겠지요. 이 패턴을 사용해, '우리 아마 ~해야 할 거야'라고 말할 수 있습니다.

아마도 우리는 ~해야 해.

- 먼저 먹어야
- 먼저 티켓을 사야
- 먼저 도시 지도를 구해야
- 먼저 우리 가방을 맡겨야
- 먼저 쉬어야

B가 응답한다

특정 장소의 위치나 길을 물을 때 사용하는 패턴입니다. 여행지에서 자주 쓰게 될 패턴일 것 같네요.

어디서 ~할 수 있니?

- 먹을
- 티켓을 살
- 도시 지도를 구할
- 우리 가방을 맡길
- 쉴

Unit 027
서로 대화하는 두 개의 패턴! PATTERN A+B

A: Maybe we should eat first.

B: Where can we eat? **There is no restaurant.**

A: Maybe we should buy the tickets first.

B: Where can we buy the tickets? **There is no ticket booth.**

A: Maybe we should get a city map first.

B: Where can we get a city map? **There is no tourist information.**

A: Maybe we should leave our bags first.

B: Where can we leave our bags? **There is no locker.**

A: Maybe we should take a rest first.

B: Where can we take a rest? **There is no bench.**

A: 아마도 우리는 먼저 먹어야 해.

B: 어디에서 먹어야 해? 식당이 없어.

A: 아마도 우리는 먼저 티켓을 사야 해.

B: 어디에서 티켓을 사야 해? 티켓 부스가 없어.

A: 아마도 우리는 먼저 도시 지도를 구해야 해.

B: 어디에서 지도를 얻어야 해? 관광 안내소가 없어.

A: 아마도 우리는 먼저 우리 가방을 맡겨야 해.

B: 어디에서 가방을 맡겨야 해? 보관함이 없어.

A: 아마도 우리는 먼저 쉬어야 해.

B: 어디서 쉬어야 해? 벤치가 없어.

Unit 028

A가 말을 걸면

PATTERN A

~하고 싶어 죽겠어.
I'm dying to ~

I'm dying to ~
- have a cat.
- see her.
- have a child.
- get a new coat.
- get married.

PATTERN B

~은 말하지도 마.
Don't even mention ~

Don't even mention ~
- about a cat.
- about her.
- about a child.
- about a coat.
- about marriage.

우리가 흔히 쓰는 표현 중에 '~해서 죽겠어'라는 말이 있지요. 그처럼 무엇인가를 강조해서 말할 때 '죽음'이라는 단어를 사용하고는 합니다. 영어에서도 그와 비슷한 표현을 쓰는군요. 이 패턴처럼요.

~하고 싶어 죽겠어.

- 고양이를 가지고
- 그녀를 보고
- 아이를 가지고
- 새 코트를 사고
- 결혼하고

B가 응답한다

그것이 기분 나쁜 일이라서이든, 귀찮아서이든, 어쨌거나 언급조차 하기 싫은 일들이 있지요. 말해 봐야 스트레스만 쌓이는 그런 일이요. 대화 상대가 그런 일에 대해서 말하고 있다면 이 패턴을 사용해 대답해 주세요. 그런 일이라면 말도 꺼내지 말라고요.

~은 말하지도 마.

- 고양이에 대해서는
- 그녀에 대해서는
- 아이에 대해서는
- 코트에 대해서는
- 결혼에 대해서는

Unit 028
서로 대화하는 두 개의 패턴! PATTERN A+B

A: I'm dying to have a cat.

B: Don't even mention about a cat. **It's too tough to feed a cat.**

A: I'm dying to see her.

B: Don't even mention about her. **She already got a new boyfriend.**

A: I'm dying to have a child.

B: Don't even mention about a child. **Babies are too noisy.**

A: I'm dying to get a new coat.

B: Don't even mention about a coat. **You already have too many coats.**

A: I'm dying to get married.

B: Don't even mention about marriage. **Your own life will be over once you marry.**

A: 고양이를 가지고 싶어 죽겠어.

B: 고양이에 대해선 말도 마. 고양이 먹이는 거 정말 힘들어.

A: 그녀를 보고 싶어 죽겠어.

B: 그녀에 대해선 말도 마. 그녀는 이미 새 남자친구가 생겼어.

A: 아이를 가지고 싶어 죽겠어.

B: 아이에 대해선 말도 마. 아이들은 너무 시끄러워.

A: 새 코트를 사고 싶어 죽겠어.

B: 코트에 대해선 말도 마. 넌 이미 코트가 너무 많아.

A: 결혼하고 싶어 죽겠어.

B: 결혼에 대해선 말도 마. 결혼 하면 너만의 삶은 끝나는 거야.

Unit 029

PATTERN A
넌 ~이 두려워?
Are you afraid of ~

Are you afraid of ~
- him?
- failing?
- making a mistake?
- losing money?
- getting divorced?

PATTERN B
누가 ~를 신경 쓴다는 거야?
Who cares ~

Who cares ~
- about him?
- about failing?
- about making a mistake?
- about losing money?
- about getting divorced?

무슨 일이든 한 번 해내고 나면 그것이 쉽게만 느껴지지요. 하지만 이미 실패를 겪었다든지, 아직 경험해 보지 않은 일에 대해서는 누구나 두려움을 느끼기 마련입니다. 새로운 도전을 앞둔 상대방에게, 이 패턴을 사용해 두려움을 느끼느냐 물어볼 수 있겠군요.

넌 ~이 두려워?

그가

실패하는 것이

실수를 하는 것이

돈을 잃는 것이

이혼하는 것이

B가 응답한다

얼핏 보면 '누가 ~한 거야?'라고 묻는 표현처럼 보이지만, 사실은 '아무도 ~하지 않아'라는 뉘앙스를 가진 반어적인 표현의 패턴입니다. 전혀 신경 쓰지 않는다는 것이죠.

누가 ~를 신경 쓴다는 거야?

그에 대해

실패하는 것에 대해

실수하는 것에 대해

돈을 잃는 것에 대해

이혼하는 것에 대해

Unit 029
서로 대화하는 두 개의 패턴! PATTERN A+B

A: Are you afraid of him?

B: Who cares? **I just don't want to argue.**

A: Are you afraid of failing?

B: Who cares? **I just don't have enough time.**

A: Are you afraid of making a mistake?

B: Who cares? **I just want to be careful.**

A: Are you afraid of losing money?

B: Who cares? **I just don't want to lose the game.**

A: Are you afraid of getting divorced?

B: Who cares? **I'm just worried about my daughter.**

A: 넌 그가 두려워?

B: 누가 신경이나 쓴대? 난 단지 말싸움하고 싶지 않을 뿐이야.

A: 넌 실패하는 것이 두려워?

B: 누가 신경이나 쓴대? 난 단지 충분한 시간이 없을 뿐이야.

A: 넌 실수를 하는 것이 두려워?

B: 누가 신경이나 쓴대? 난 단지 신중하려는 것 뿐이야.

A: 넌 돈을 잃는 것이 두려워?

B: 누가 신경이나 쓴대? 난 단지 게임을 지고 싶지 않을 뿐이야.

A: 넌 이혼하는 것이 두려워?

B: 누가 신경이나 쓴대? 난 단지 내 딸이 걱정될 뿐이야.

Unit 030  A가 말을 걸면

PATTERN A
난 ~을 원하지 않아.
I don't want ~

I don't want ~
- to get a job.
- to eat alone.
- to go to Tom's party.
- to stay at a guest house.
- to get married to him.

PATTERN B
~하는 게 그리 나쁘지는 않을 거야.
It wouldn't be so bad ~

It wouldn't be so bad ~
- to get a job.
- to eat alone.
- to go to Tom's party.
- to stay at a guest house.
- to get married to him.

우울하거나 피곤한 날이면 아무 것도 하지 않고 그저 집에서 쉬고만 싶습니다. 누가 와서 맛있는 것을 먹으러 가자고 하든, 재미있는 무엇인가를 하러 가자고 하든 다 귀찮기만 하지요. 만사가 귀찮은 날 누군가가 무얼 하자고 제안을 해 온다면 이 패턴을 사용해 거절할 수 있습니다.

난 ~을 원하지 않아.

> 취직 하는 것을
> 혼자 먹는 것을
> Tom의 파티에 가는 것을
> 게스트 하우스에 묵는 것을
> 그에게 시집 가는 것을

B가 응답한다

파티에 갈 계획입니다. 친구들을 꼬셔 함께 가려 하는데, 한 친구가 끝까지 가지 않겠다고 빼는군요. 귀찮고 피곤하기만 하다면서요. 그렇다면 이 패턴을 사용해서 그 친구를 설득할 수 있을 것 같네요.

~하는 게 그리 나쁘지는 않을 거야.

> 취직 하는 게
> 혼자 먹는 게
> Tom의 파티에 가는 게
> 게스트 하우스에 묵는 게
> 그에게 시집을 가는 게

Unit 030
서로 대화하는 두 개의 패턴! PATTERN A+B

A: I don't want to get a job.

B: It wouldn't be so bad. **You don't need to worry about money.**

A: I don't want to eat alone.

B: It wouldn't be so bad. **You can choose a menu as you want.**

A: I don't want to go to Tom's party.

B: It wouldn't be so bad. **You can have a drink for free.**

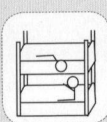

A: I don't want to stay at a guest house.

B: It wouldn't be so bad. **You can make new friends.**

A: I don't want to get married to him.

B: It wouldn't be so bad. **He won't make you hungry.**

A: 난 취직 하는 것을 원하지 않아.

B: 그게 그리 나쁘진 않아. 돈을 걱정하진 않게 될 거야.

A: 난 혼자 먹는 것을 원하지 않아.

B: 그게 그리 나쁘진 않아. 넌 네 마음대로 메뉴를 고를 수 있어.

A: 난 Tom의 파티에 가는 것을 원하지 않아.

B: 그게 그리 나쁘진 않아. 술을 공짜로 마실 수 있어.

A: 난 게스트 하우스에 묵는 것을 원하지 않아.

B: 그리 나쁘진 않아. 새 친구들을 사귈 수 있을 거야.

A: 난 그에게 시집 가는 것을 원하지 않아.

B: 그게 그리 나쁘진 않아. 그가 너를 굶게 하진 않을 거야.

Unit 031  A가 말을 걸면

PATTERN A

내가 기꺼이 ~할게.
I'm willing to ~

I'm willing to ~
- help you.
- teach you.
- clean your room.
- get you plastic surgery.
- lend you some money.

PATTERN B

~라는 게 무슨 의미야?
What do you mean ~

What do you mean ~
- by helping me?
- by teaching me?
- by cleaning my room?
- by getting me plastic surgery?
- by lending me money?

어떤 일에 대해서 기꺼이 나서서 하겠다는 사람이 아무도 없어 모두가 눈치만 보고 있을 때. 하기 힘든 일을 상대방이 제안했을 때. 그런 상황에서, '내가 기꺼이 그걸 할게!'라고 말할 수 있는 용기 있는 사람이 되어보는 것도 좋겠지요? 그런 상황에서, 이 패턴을 사용할 수 있습니다.

내가 기꺼이 ~할게.

- 너를 도와줄
- 너를 가르쳐 줄
- 너의 방 청소를
- 너를 성형시켜 줄
- 너에게 돈을 좀 빌려줄

B가 응답한다

상대방이 한 말이나 그가 하려는 행동에 대해, 그런 말과 행동을 하는 진의가 무엇인지 물어볼 때 사용하는 패턴입니다. 다소 공격적인 뉘앙스를 실어 말할 수도 있을 것 같네요.

~라는 게 무슨 의미야?

- 나를 도와준다는 게
- 나를 가르친다는 게
- 나의 방을 청소한다는 게
- 나를 성형시켜 준다는 게
- 나에게 돈을 빌려준다는 게

Unit 031
서로 대화하는 두 개의 패턴! PATTERN A+B

A: I'm willing to help you.

B: What do you mean? **You think I can't do it alone?**

A: I'm willing to teach you.

B: What do you mean? **You think I don't know?**

A: I'm willing to clean your room.

B: What do you mean? **You think my room is dirty?**

A: I'm willing to get you plastic surgery.

B: What do you mean? **You think I am ugly?**

A: I'm willing to lend you some money.

B: What do you mean? **You think I don't have money for that?**

A: 내가 기꺼이 너를 도와줄게.

B: 무슨 말이야? 나 혼자서는 못 한다는 거야?

A: 내가 기꺼이 너를 가르쳐 줄게.

B: 무슨 말이야? 내가 모른다고 생각하는 거야?

A: 내가 기꺼이 네 방 청소를 할게.

B: 무슨 말이야? 내 방이 더럽다는 거야?

A: 내가 기꺼이 너를 성형시켜 줄게.

B: 무슨 말이야? 내가 못생겼다는 거야?

A: 내가 기꺼이 너에게 돈을 좀 빌려줄게.

B: 무슨 말이야? 내가 그 정도 돈도 없다고 생각하는 거야?

Unit 032

A가 말을 걸면

PATTERN A

~하지 않을래?
Would you like ~

Would you like ~
- to sing with me?
- to dance with me?
- to play tennis with me?
- to swim with me?
- to cook with me?

PATTERN B

난 네가 ~할 수 있는지 몰랐어.
I didn't know you could ~

I didn't know you could ~
- sing.
- dance.
- play tennis.
- swim.
- cook.

대화 상대가 누구냐에 따라서 혹은 이야기를 하는 장소가 어디냐에 따라서 화법이 달라지기도 합니다. 가령, 공적인 자리에서는 친한 친구를 대할 때보다 조금 더 공손하게 말해야 하지요. 'Do you want to~?'와 같은 의미이지만, 그보다 조금 더 공손한 뉘앙스로 쓸 수 있는 패턴입니다.

~하지 않을래?

- 나와 노래하지
- 나와 춤을 추지
- 나와 테니스를 치지
- 나와 수영을 하지
- 나와 요리를 하지

B가 응답한다

예상 외의 행동을 하려 하는 친구가 있다면 이 패턴을 사용해 당신의 놀라움을 표현할 수 있습니다. '네가 그걸 할 수 있을 줄은 몰랐지!'라고요.

난 네가 ~할 수 있는지 몰랐어.

- 노래할
- 춤을 출
- 테니스를 칠
- 수영을 할
- 요리를 할

Unit 032
서로 대화하는 두 개의 패턴! PATTERN A+B

A: Would you like to sing with me?

B: I didn't know you could sing. **Let's see how you sing.**

A: Would you like to dance with me?

B: I didn't know you could dance. **Let's see how you dance.**

A: Would you like to play tennis with me?

B: I didn't know you could play tennis. **Let's see how you play.**

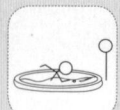

A: Would you like to swim with me?

B: I didn't know you could swim. **Let's see how you swim.**

A: Would you like to cook with me?

B: I didn't know you could cook. **Let's see how you cook.**

A: 나와 노래하지 않을래?

B: 난 네가 노래를 할 수 있는지 몰랐어. 네가 어떻게 노래하는지 보자.

A: 나와 춤을 추지 않을래?

B: 난 네가 춤을 출 수 있는지 몰랐어. 어떻게 춤을 추는지 보자.

A: 나와 테니스를 치지 않을래?

B: 난 네가 테니스를 칠 수 있는지 몰랐어. 어떻게 치는지 보자.

A: 나와 수영을 하지않을래?

B: 난 네가 수영을 할 수 있는지 몰랐어. 어떻게 수영을 하는지 보자.

A: 나와 요리를 하지 않을래?

B: 난 네가 요리를 할 수 있는지 몰랐어. 어떻게 요리를 하는지 보자.

Unit 033

PATTERN A

~하는 습관을 들여.
Make it a habit ~

Make it a habit ~
- to sit up straight.
- to exercise regularly.
- to eat less.
- to speak English every day.
- to live on less than you earn.

PATTERN B

난 ~하려고 노력하고 있어.
I'm trying ~

I'm trying ~
- to sit up straight.
- to exercise regularly.
- to eat less.
- to speak English every day.
- to live on less than I earn.

세 살 버릇이 여든까지 간다고 하지요. 나쁜 버릇을 고치는 것과 좋은 일에 습관을 들이는 것 중 어느 것이 더 쉬울까요? 둘 다 쉽지는 않겠지요. 일단 영어 공부라면 조금씩이라도 꾸준히 공부하는 습관을 들여놓는 것이 좋을 것 같네요.

~하는 습관을 들여.

> 똑바로 앉는
>
> 규칙적으로 운동하는
>
> 덜 먹는
>
> 매일 영어로 말하는
>
> 버는 것보다 덜 쓰며 사는

B가 응답한다

노력만큼 결과가 잘 따라주면 그것만큼 보람을 느낄 때도 없습니다. 하지만 노력을 하고 있음에도 결과가 바로 나타나지 않는 경우도 있지요. 누군가가 '잘 되어 가고 있어?'라고 묻는다면, 혹은 '넌 그걸 해야 해'라고 권한다면 이 패턴을 사용해 대답을 해 주세요. 일단 노력은 하는 중이라고요.

난 ~하려고 노력하고 있어.

> 똑바로 앉으려고
>
> 규칙적으로 운동하려고
>
> 덜 먹으려고
>
> 매일 영어로 말하려고
>
> 버는 것보다 덜 쓰며 살려고

The Pairs of Patterns 패턴은 외롭지 않다.

Unit 033
서로 대화하는 두 개의 패턴! PATTERN A+B

A: Make it a habit to sit up straight.

B: I'm trying to. **But my head is too big.**

A: Make it a habit to exercise regularly.

B: I'm trying to. **But I always work overtime at night.**

A: Make it a habit to eat less.

B: I'm trying to. **But I'm always hungry.**

A: Make it a habit to speak English every day.

B: I'm trying to. **But my husband hates English.**

A: Make it a habit to live on less than you earn.

B: I'm trying to. **But my salary is too small.**

A: 똑바로 앉는 습관을 들여.

B: 노력하고 있어. 하지만 내 머리는 너무 커.

A: 규칙적으로 운동하는 습관을 들여.

B: 노력하고 있어. 하지만 난 매일 야근을 해.

A: 덜 먹는 습관을 들여.

B: 노력하고 있어. 하지만 난 항상 배고파.

A: 매일 영어로 말하는 습관을 들여.

B: 노력하고 있어. 하지만 내 남편은 영어를 싫어해.

A: 버는 것보다 덜 쓰며 사는 습관을 들여.

B: 노력하고 있어. 하지만 내 월급은 너무 적어.

Unit 034

A가 말을 걸면

PATTERN A
~하는 게 낫겠어.
I would rather ~

I would rather ~
- go back home.
- sleep.
- take a day off.
- have a vacation.
- break up with her.

PATTERN B
너는 ~할 만 해.
You deserve ~

You deserve ~
- to go back home.
- to sleep.
- to take a day off.
- to have a vacation.
- to break up with her.

몸이 좋지 않을 때는 괜히 무리를 하는 것보다는 쉬는 것이 더 효율적일 수도 있습니다. 무리하다 병을 키우느니, 푹 쉬고 다음 날 가뿐해진 몸으로 일을 다시 시작하는 것이 더 낫지요. '차라리 이렇게 하는 것이 낫다'라고 말할 때 이 패턴을 사용할 수 있습니다.

~하는 게 낫겠어.

- 집으로 돌아가는 게
- 잠을 자는 게
- 하루 쉬는 게
- 휴식을 갖는 게
- 그녀와 헤어지는 게

B가 응답한다

친구가 오랜 고민 끝에 결정을 내렸습니다. 아무래도 그렇게 하는 것이 낫겠다고요. 당신이 보기에도 그 친구가 그렇게 생각하는 건 당연해 보이네요. 그럴 만한 일을 겪었고, 많은 고민을 하는 것을 옆에서 지켜보았으니까요. 그렇다면 이 패턴을 사용해 그 친구의 말에 공감을 해 줄 수 있겠군요.

너는 ~할 만 해.

- 집에 돌아갈
- 잠을 잘
- 하루 쉴
- 휴식을 가질
- 그녀와 헤어질

Unit 034
서로 대화하는 두 개의 패턴! PATTERN A+B

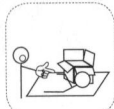

A: I would rather go back home.

B: You deserve to go back home.

A: I would rather sleep.

B: You deserve to sleep.

A: I would rather take a day off.

B: You deserve to take a day off.

A: I would rather have a vacation.

B: You deserve to have a vacation.

A: I would rather break up with her.

B: You deserve to break up with her.

A: 집으로 돌아가는 게 낫겠어.

B: 너는 집에 돌아갈 만 해.

A: 잠을 자는 게 낫겠어.

B: 너는 잠을 잘 만 해.

A: 하루 쉬는 게 낫겠어.

B: 너는 하루 쉴 만 해.

A: 휴식을 갖는 게 낫겠어.

B: 너는 휴식을 가질 만 해.

A: 그녀와 헤어지는 게 낫겠어.

B: 너는 그녀와 헤어질 만 해.

Unit 035  A가 말을 걸면

PATTERN A

~하는 게 어때?
Why don't you ~

Why don't you ~
- tell him the truth?
- kill him?
- propose to her?
- fight back?
- steal it?

PATTERN B

~할 때가 아니야.
It's not a good time ~

It's not a good time ~
- to tell him the truth.
- to kill him.
- to propose to her.
- to fight back.
- to steal it.

추운 겨울에 마시는 따뜻한 코코아만큼 좋은 것이 또 있을까요? 한겨울의 코코아처럼, 아주 사소한 것이지만 상대방에게 큰 도움이 될 수 있는 것들이 있습니다. 이 패턴을 사용해서 상대방에게 어떤 제안을 해줄 수 있습니다.

~하는 게 어때?

- 그에게 진실을 말하는 게
- 그를 죽이는 게
- 그녀에게 프러포즈 하는 게
- 반격하는게
- 그것을 훔치는 게

B가 응답한다

마감 날이 가까워 하루 종일 일을 할 때면, 다음 날이 시험이라 온종일 책상 앞에서 공부를 할 때면 침대에 가서 쉬고자 하는 유혹에 시달리고는 합니다. 하지만 그럴 수는 없지요. 모든 것이 끝날 때까지는요. 이 패턴을 사용해 스스로를 다독여 보세요. 아직은 그럴 때가 아니라고요.

~할 때가 아니야.

- 그에게 진실을 말할
- 그를 죽일
- 그녀에게 프러포즈할
- 반격할
- 그것을 훔칠

Unit 035
서로 대화하는 두 개의 패턴! PATTERN A+B

A: Why don't you tell him the truth?

B: It's not a good time. **There will be another chance to tell him.**

A: Why don't you kill him?

B: It's not a good time. **There will be another chance to kill him.**

A: Why don't you propose to her?

B: It's not a good time. **There will be another chance to propose to her.**

A: Why don't you fight back?

B: It's not a good time. **There will be another chance to fight back.**

A: Why don't you steal it?

B: It's not a good time. **There will be another chance to steal it.**

A: 그에게 진실을 말하는 게 어때?

B: 그럴 때가 아냐. 그에게 말할 다른 기회가 있을 거야.

A: 그를 죽이는 게 어때?

B: 그럴 때가 아냐. 그를 죽일 다른 기회가 있을 거야.

A: 그녀에게 프러포즈 하는 게 어때?

B: 그럴 때가 아냐. 그녀에게 프러포즈를 할 다른 기회가 있을 거야.

A: 반격하는게 어때?

B: 그럴 때가 아냐. 반격할 다른 기회가 있을 거야.

A: 그것을 훔치는 게 어때?

B: 그럴 때가 아냐. 그것을 훔칠 다른 기회가 있을 거야.

Unit 036

A가 말을 걸면

PATTERN A
도대체 어떻게 ~한 거야?
How come ~

How come ~
- you know that?
- you are here?
- you don't get older?
- you don't limp?
- you are not afraid?

PATTERN B
넌 ~을 궁금해 하는 거야?
Are you wondering ~

Are you wondering ~
- how I know that?
- how I am here?
- how I don't get older?
- how I don't limp?
- how I'm not afraid?

회사에서 1급 기밀로 분류되는 인사 정보를 동료가 알고 있네요. 그 동료의 위치에서는 절대 알 수 없는 정보인데 말이지요. 이 패턴을 사용해, '네가 어째서 그걸 알고 있는 거야?'라고 물어볼 수 있습니다. '어떻게?'라기 보다는 '도대체 왜?'라는 뉘앙스가 더 강하지요.

도대체 어떻게 ~한 거야?

- 너는 그걸 아는
- 너는 여기에 있는
- 너는 늙지 않는
- 너는 다리를 절지 않는
- 너는 두렵지 않은

B가 응답한다

누군가가 당신만의 비법에 대해 궁금증을 가지고 있다면, 이 패턴을 약 올리듯 말해줄 수 있겠군요. '너 그걸 궁금해하고 있는 거야?'라고요.

넌 ~을 궁금해 하는 거야?

- 어떻게 내가 그걸 아는지
- 어떻게 내가 여기 있는지
- 어떻게 내가 늙지 않는지
- 어떻게 내가 다리를 절지 않는지
- 어떻게 내가 두렵지 않은지

Unit 036
서로 대화하는 두 개의 패턴! PATTERN A+B

A: How come you know that?

B: Are you wondering how? **I have known that from the beginning.**

A: How come you are here?

B: Are you wondering how? **It is called magic.**

A: How come you don't get older?

B: Are you wondering how? **Ask my doctor.**

A: How come you don't limp?

B: Are you wondering how? **I'm a secret police.**

A: How come you are not afraid?

B: Are you wondering how? **I have nothing to lose.**

A: 도대체 어떻게 너는 그걸 아는 거야?

B: 어떻게인지가 궁금해? 난 처음부터 그걸 알았었어.

A: 도대체 어떻게 너는 여기에 있는 거야?

B: 어떻게인지가 궁금해? 그걸 마법이라 부르지.

A: 도대체 어떻게 너는 늙지 않는거야?

B: 어떻게인지가 궁금해? 내 의사에게 물어봐.

A: 도대체 어떻게 너는 다리를 절지 않는 거야?

B: 어떻게인지가 궁금해? 난 비밀 경찰이야.

A: 도대체 어떻게 너는 두렵지 않은 거야?

B: 어떻게인지가 궁금해? 난 잃을 게 없거든.

The Pairs of Patterns 패턴은 외롭지 않다.

Unit 037

PATTERN A

~을 사과할게.
I apologize for ~

I apologize for ~
- being late.
- telling her.
- breaking my promise.
- not trusting you.
- not paying back on time.

PATTERN B

~라고는 기대하지도 않았어.
I didn't expect ~

I didn't expect ~
- you would be on time.
- you would keep it secret.
- you would keep your promise.
- you would trust me.
- you would pay back.

너무 큰 잘못을 했기 때문에 그냥 미안하다, 'sorry'라는 말로는 수습이 안 될 것 같아요. 그럴 땐 이 패턴을 사용해 보세요. '진심을 담아서! 사죄 할게'와 같은 느낌이 잘 드러나는 표현입니다.

~을 사과할게.

> 늦은 것을
>
> 그녀에게 말한 것을
>
> 약속을 깬 것을
>
> 너를 믿지 못한 것을
>
> 제 시간에 갚지 못한 것을

B가 응답한다

실망스러운 일을 당할 때면 어떻게 대처하시나요. 화를 내고 불만을 표현함으로써 상황이 달라질 수 있다면 모를까, 그렇지 않다면 화를 내 봐야 손해입니다. 괜히 스트레스만 더 받잖아요. 차라리 그럴 줄 알았다고, 기대하지도 않았다며 체념을 하는 편이 더 나을 수도 있습니다. 이 패턴처럼요.

~라고는 기대하지도 않았어.

> 네가 제 시간에 올 거라고
>
> 네가 비밀을 지킬 거라고
>
> 네가 약속을 지킬 거라고
>
> 네가 나를 믿을 거라고
>
> 네가 갚을 거라고

Unit 037
서로 대화하는 두 개의 패턴! PATTERN A+B

A: I apologize for being late.

B: I didn't expect you would be on time.

A: I apologize for telling her.

B: I didn't expect you would keep it secret.

A: I apologize for breaking my promise.

B: I didn't expect you would keep your promise.

A: I apologize for not trusting you.

B: I didn't expect you would trust me.

A: I apologize for not paying back on time.

B: I didn't expect you would pay back.

A: 늦은 것을 사과할게.

B: 네가 제 시간에 올 거라고 기대하지도 않았어.

A: 그녀에게 말한 것을 사과할게.

B: 네가 비밀을 지킬 거라고 기대하지도 않았어.

A: 약속을 깬 것을 사과할게.

B: 네가 약속을 지킬 거라고 기대하지도 않았어.

A: 너를 믿지 못한 것을 사과할게.

B: 네가 나를 믿을 거라고 기대하지도 않았어.

A: 제 시간에 갚지 못한 것을 사과할게.

B: 네가 갚을 거라고 기대하지도 않았어.

Unit 038

PATTERN A
나는 ~에 익숙해.
I am used to ~

I am used to ~
- Thai food.
- getting dumped.
- missing my flights.
- going to the police station.
- quitting smoking.

PATTERN B
넌 몇 번이나 ~해 봤어?
How many times have you ~

How many times have you ~
- tried Thai food?
- got dumped?
- missed your flights?
- been to the police station?
- quit smoking?

고백한 여자에게 또 차이고 말았습니다. 누군가가 당신을 위로하려 한다면, 이렇게 대답해 줄 수도 있겠지요. '별 일 아냐, 난 차이는 데 익숙하잖아'라고요. 조금 씁쓸한 대답이긴 하지만요. 익숙한 어떤 일에 대해 말할 때 사용하는 패턴입니다.

나는 ~에 익숙해.

타이 음식에
차이는 것에
비행기를 놓치는 것에
경찰서에 가는 것에
금연하는 것에

B가 응답한다

어떤 일을 몇 번이나 경험해 봤던 것인지 횟수를 물어볼 때 사용하는 패턴입니다.

넌 몇 번이나 ~해 봤어?

타이 음식을 시도해
차여
비행기를 놓쳐
경찰서에 가
금연을 해

Unit 038
서로 대화하는 두 개의 패턴! PATTERN A+B

A: I am used to Thai food.

B: How many times have you tried Thai food?

A: I am used to getting dumped.

B: How many times have you got dumped?

A: I am used to missing my flights.

B: How many times have you missed your flights?

A: I am used to going to the police station.

B: How many times have you been to the police station?

A: I am used to quitting smoking.

B: How many times have you quit smoking?

A: 나는 타이 음식에 익숙해.

B: 넌 몇 번이나 타이 음식을 시도해 봤어?

A: 나는 차이는 것에 익숙해.

B: 넌 몇 번이나 차여 봤어?

A: 나는 비행기를 놓치는 것에 익숙해.

B: 넌 몇 번이나 비행기를 놓쳐 봤어?

A: 나는 경찰서에 가는 것에 익숙해.

B: 넌 몇 번이나 경찰서에 가 봤어?

A: 나는 금연하는 것에 익숙해.

B: 넌 몇 번이나 금연을 해 봤어?

Unit 039

PATTERN A

~하느라 바빴어.
I was busy ~

I was busy ~
- working out.
- choosing a new car.
- thinking about the project.
- doing volunteer work.
- arguing with him.

PATTERN B

~하는 데 시간 낭비하지 마.
Don't waste your time ~

Don't waste your time ~
- working out.
- choosing a new car.
- thinking about the project.
- doing volunteer work.
- arguing with him.

핸드폰이 보급되면서 사람 사이에 연락을 취하는 게 정말 쉬워졌습니다. 가끔은 너무 쉬워서 문제가 아닌가 싶기도 싶네요. 연락을 조금 피했다 싶으면 상대방이 바로 눈치를 채 버리잖아요. 나중에는 연락을 받지 않았던 것에 대해 변명을 해야만 하고요. 변명을 할 때 유용하게 쓰일 패턴이네요.

~하느라 바빴어.

- 운동하느라
- 새 차를 고르느라
- 프로젝트에 대해 생각하느라
- 봉사활동을 하느라
- 그와 논쟁하느라

쓸 데 없는 일을 하느라 시간을 낭비하고 있는 친구가 있다면, 이 패턴으로 그만두라며 조언을 해 주세요. 하지만 대체로 그런 조언은 별 소용이 없는 것 같기도 합니다. 시간을 낭비하고 있는 사람들은 대부분, 그게 시간 낭비라는 사실을 절대 받아들이려 하지 않거든요.

~하는 데 시간 낭비하지 마.

- 운동하는 데
- 새 차를 고르는 데
- 그 프로젝트에 대해 생각하는 데
- 봉사활동을 하는 데
- 그와 논쟁하는 데

Unit 039
서로 대화하는 두 개의 패턴! PATTERN A+B

A: I was busy working out.

B: Don't waste your time working out. **You won't be pretty even if you lose your weight.**

A: I was busy choosing a new car.

B: Don't waste your time choosing a new car. **Cars are all much the same.**

A: I was busy thinking about the project.

B: Don't waste your time thinking about the project. **The project must be failed.**

A: I was busy doing volunteer work.

B: Don't waste your time doing volunteer work. **There would be no benefit for you.**

A: I was busy arguing with him.

B: Don't waste your time arguing with him. **It doesn't get across to him.**

A: 운동하느라 바빴어.

B: 운동을 하느라 시간을 낭비하지 마. 살을 뺀다고 해서 네가 예뻐지진 않을 거야.

A: 새 차를 고르느라 바빴어.

B: 새 차를 고르느라 시간을 낭비하지 마. 자동차는 다 거기서 거기야.

A: 프로젝트에 대해 생각하느라 바빴어.

B: 그 프로젝트에 대해 생각하느라 시간을 낭비하지 마. 그 프로젝트는 가능성이 없어.

A: 봉사활동을 하느라 바빴어.

B: 봉사활동을 하느라 시간을 낭비하지 마. 그래 봐야 네가 얻는 건 하나도 없을 거야.

A: 그와 논쟁하느라 바빴어.

B: 그와 논쟁하느라 시간을 낭비하지 마. 그는 말이 통하지 않는 인간이야.

Unit 040

 A가 말을 걸면

PATTERN A

~할 필요 없어.
There's no need ~

There's no need ~
- to eat them all.
- to find the key.
- to buy a bigger house.
- to persuade him.
- to train the cat.

PATTERN B

~은 가능하지도 않아.
It's not even possible ~

It's not even possible ~
- to eat them all.
- to find the key.
- to buy a bigger house.
- to persuade him.
- to train the cat.

쓸데 없는 일에 시간을 낭비하고 나면 정말 허망하고 후회가 됩니다. 진작 알았더라면 시간도 절약하고 힘을 뺄 일도 없었을 텐데... 친구가 부질없는 짓을 하려 한다면, 이 패턴을 사용해 미리 말해주세요. 친구가 나중에 후회하지 않도록 말이에요.

~할 필요 없어.

- 전부 다 먹을
- 열쇠를 찾을
- 더 큰 집을 살
- 그를 설득할
- 고양이를 훈련시킬

B가 응답한다

차라리 가능성이라도 있다면 도전해 볼 만 하겠지만... 애초에 불가능하기 때문에 도전해 볼 수도 없는 일에 대해 이야기할 때면 이 패턴을 사용할 수 있겠군요.

~은 가능하지도 않아.

- 전부 다 먹는 것은
- 열쇠를 찾는 것은
- 더 큰 집을 사는 것은
- 그를 설득하는 것은
- 고양이를 훈련시키는 것은

Unit 040
서로 대화하는 두 개의 패턴! PATTERN A+B

A: There's no need to eat them all.

B: It's not even possible. **I've already had three portions.**

A: There's no need to find the key.

B: It's not even possible. **He threw out the key to the sea.**

A: There's no need to buy a bigger house.

B: It's not even possible. **My stocks crashed yesterday.**

A: There's no need to persuade him.

B: It's not even possible. **He never listens to others.**

A: There's no need to train the cat.

B: It's not even possible. **The cat ignores everyone.**

A: 전부 다 먹을 필요 없어.

B: 그건 가능하지도 않아. 벌써 삼인분씩이나 먹었거든.

A: 열쇠를 찾을 필요 없어.

B: 그건 가능하지도 않아. 그가 열쇠를 바다에 던져버렸거든.

A: 더 큰 집을 살 필요 없어.

B: 그건 가능하지도 않아. 내 주식이 어제 폭락해 버렸거든.

A: 그를 설득할 필요 없어.

B: 그건 가능하지도 않아. 그는 남의 말을 절대 듣지 않거든.

A: 고양이를 훈련시킬 필요 없어.

B: 그건 가능하지도 않아. 고양이는 사람 말을 모두 무시해 버리거든.

Unit 041

A가 말을 걸면

PATTERN A
넌 ~했어야 했어.
You should have ~

You should have ~
- studied harder.
- asked her.
- listened more carefully.
- done your best.
- stuck at home.

PATTERN B
~하는 건 정말 답답해.
It's so frustrating ~

It's so frustrating ~
- to sit at the desk.
- to communicate with her.
- to listen to the story.
- to do that work.
- to live with my parents.

잘못된 선택을 한 결과로 친구가 곤경에 처했습니다. 위로를 해 줄 수도 있지만, 가끔은 따끔하게 한 마디 해주는 것도 좋겠지요. '다른 선택을 했어야 해'라고요. 이미 벌어진 일이니 수습은 할 수 없을 지라도요.

넌 ~했어야 했어.

- 공부를 더 열심히 했어야
- 그녀에게 물어봤어야
- 더 주의 깊게 들었어야
- 최선을 다했어야
- 집에 붙어있었어야

B가 응답한다

'그거 하느라 너무 힘들었어, 그거 하는데 너무 답답하더라'라는 말을 하고 싶은 순간에 유용하게 쓸 수 있는 패턴입니다. 'frustrate'는 '좌절감을 주다'라는 의미가 담긴 단어인데요, 그냥 '답답해' 정도의 의미로 기억해 두세요.

~하는 건 정말 답답해.

- 책상 앞에 앉아 있는 건
- 그녀와 대화하는 건
- 그 이야기를 듣는 건
- 그 일을 하는 건
- 부모님과 함께 사는 건

Unit 041
서로 대화하는 두 개의 패턴! PATTERN A+B

A: You should have studied harder.

B: I know I should have. But it's so frustrating to sit at the desk.

A: You should have asked her.

B: I know I should have. But it's so frustrating to communicate with her.

A: You should have listened more carefully.

B: I know I should have. But it's so frustrating to listen to the story.

A: You should have done your best.

B: I know I should have. But it's so frustrating to do that work.

A: You should have stuck at home.

B: I know I should have. But it's so frustrating to live with my parents.

A: 넌 공부를 더 열심히 했어야 했어.

B: 그래야 한다는 것 알아. 하지만 책상 앞에 앉아 있는 건 너무 답답해.

A: 넌 그녀에게 물어봤어야 했어.

B: 그래야 한다는 것 알아. 하지만 그녀와 얘기하는 건 너무 답답해.

A: 넌 더 주의 깊게 들었어야 했어.

B: 그래야 한다는 것 알아. 하지만 그 이야기를 듣는 건 너무 답답해.

A: 넌 최선을 다했어야 했어.

B: 그래야 한다는 것 알아. 하지만 그 일을 하는 건 너무 답답해.

A: 넌 집에 붙어있었어야 했어.

B: 그래야 한다는 것 알아. 하지만 부모님과 함께 사는 건 너무 답답해.

Unit 042  A가 말을 걸면

PATTERN A

~의 차이가 뭐야?
What's the difference between ~

What's the difference between ~
- laptop and ultra book?
- this dish and that dish?
- spaghetti and fettuccine?
- expensive clothes and cheap clothes?
- a successful man and a loser?

PATTERN B

단지 ~의 문제일 뿐이야.
It's just a matter of ~

It's just a matter of ~
- weight.
- recipe.
- noodle.
- the value of a brand.
- luck.

언뜻 봐서는 그 차이를 분명하게 알 수 없는 것들이 있습니다. 잘 모르는 분야의 문제라서 그럴 수도 있고, 차이가 정말 작아서 항상 헷갈릴만한 것도 있지요. 이 패턴을 통해 서로 다른 두 대상간의 차이점을 물어볼 수 있습니다.

~의 차이가 뭐야?

- 노트북과 울트라북의
- 이 요리와 저 요리의
- 스파게티와 페투치니의
- 비싼 옷과 저렴한 옷의
- 성공한 사람과 패배자의

B가 응답한다

얼핏 보기에는 복잡하거나 헷갈려 보이는 문제일지라도 해답은 아주 간단할 때가 있습니다. 사실 우리가 접하는 대부분의 문제들이 그렇지요. 처음 마주칠 때는 어렵게만 느껴지더라도, 막상 알고 보면 간단한… 그런 문제에 대해 답을 내릴 때 이 패턴을 사용할 수 있습니다.

단지 ~의 문제일 뿐이야.

- 무게의
- 조리 방법의
- 면의
- 브랜드 가치의
- 운의

The Pairs of Patterns 패턴은 외롭지 않다.

Unit 042
서로 대화하는 두 개의 패턴! PATTERN A+B

A: What's the difference between laptop and ultra book?

B: It's just a matter of weight.

A: What's the difference between this dish and that dish?

B: It's just a matter of recipe.

A: What's the difference between spaghetti and fettuccine?

B: It's just a matter of noodle.

A: What's the difference between expensive clothes and cheap clothes?

B: It's just a matter of the value of a brand.

A: What's the difference between a successful man and a loser?

B: It's just a matter of luck.

A: 노트북과 울트라북의 차이가 뭐야?

B: 단지 무게의 문제일 뿐이야.

A: 이 요리와 저 요리의 차이가 뭐야?

B: 단지 조리 방법의 문제일 뿐이야.

A: 스파게티와 페투치니의 차이가 뭐야?

B: 단지 면의 문제일 뿐이야.

A: 비싼 옷과 저렴한 옷의 차이가 뭐야?

B: 단지 브랜드 가치의 문제일 뿐이야.

A: 성공한 사람과 패배자의 차이가 뭐야?

B: 단지 운의 문제일 뿐이야.

Unit 043

 (A가 말을 걸면)

PATTERN A

~하는 건 너무 어려워.
It's too difficult ~

It's too difficult ~
- to use a smart phone.
- to ride a bike.
- to write an essay.
- to run this machine.
- to ask her out.

PATTERN B

그냥 ~해 봐.
Just try ~

Just try ~
- understanding the logic.
- pedaling fast.
- making an outline first.
- pressing the red button.
- asking her directly.

무엇이든 잘 하는 사람은 없습니다. 잘 하지도 못하는 일에 무턱대고 나서기 보다는, 모를 땐 모른다고 솔직하게 말하는 것이 좋겠지요. 그것이 더 용기 있는 행동입니다. 이 패턴을 사용하여 그런 용기 있는 행동을 해 보세요.

~하는 건 너무 어려워.

- 스마트 폰을 사용하는 건
- 자전거를 타는 건
- 에세이를 쓰는 건
- 이 기계를 작동하는 건
- 그녀에게 데이트를 신청하는 건

B가 응답한다

새로운 일을 시작하는 것에 대한 두려움이 있으신가요? 새로운 환경, 새로운 일에 적응하는 것은 사실 쉬운 일이 아닙니다. 익숙해지기까지 시간이 걸리기도 하고, 그 과정 속에서 많은 실수를 저지를 수도 있기 때문이지요. 그럴 땐 그냥 마음을 놓고, 이 패턴처럼 '그냥 한번 시도해 보자'라는 마음으로 다가서는 것이 더 좋지 않을까요?

그냥 ~해 봐.

- 논리를 이해해
- 페달을 빨리 돌려
- 개요를 먼저 작성해
- 빨간 버튼을 눌러
- 그녀에게 직접적으로 물어

Unit 043
서로 대화하는 두 개의 패턴! PATTERN A+B

A: It's too difficult to use a smart phone.

B: Just try understanding the logic.

A: It's too difficult to ride a bike.

B: Just try pedaling fast.

A: It's too difficult to write an essay.

B: Just try making an outline first.

A: It's too difficult to run this machine.

B: Just try pressing the red button.

A: It's too difficult to ask her out.

B: Just try asking her directly.

A: 스마트 폰을 사용하는 건 너무 어려워.

B: 그냥 논리를 이해해 봐.

A: 자전거를 타는 건 너무 어려워.

B: 그냥 페달을 빨리 돌려 봐.

A: 에세이를 쓰는 건 너무 어려워.

B: 그냥 개요를 먼저 작성해 봐.

A: 이 기계를 작동하는 건 너무 어려워.

B: 그냥 빨간 버튼을 눌러 봐.

A: 그녀에게 데이트를 신청하는 건 너무 어려워.

B: 그냥 그녀에게 직접적으로 물어 봐.

Unit 044

(A가 말을 걸면)

PATTERN A

나 ~을 잊었어.
I forgot ~

I forgot ~
- my girlfriend's birthday.
- to do my homework.
- to save the file.
- to bring my cell phone.
- to turn off the burner.

PATTERN B

~하는 게 놀랄 일도 아니지.
It's no wonder ~

It's no wonder ~
- she's angry at you.
- you're going to be in trouble.
- your boss tried to kill you.
- you were absent-minded again.
- it's full of strange smell in the house.

기억력이 좋은 편이신가요? 그렇게 생각한다 하시더라도, 자신의 기억력을 과신하지는 않는 것이 좋을 겁니다. 사람은 누구든지 실수를 하기 마련이잖아요. 이 패턴을 사용하는 일이 잦은 사람이라면, 꼭 메모하는 습관을 들이는 것이 좋을 것 같네요.

나 ~을 잊었어.

- 내 여자친구의 생일을
- 숙제를 하는 것을
- 파일을 저장하는 것을
- 핸드폰을 가져오는 것을
- 버너를 끄는 것을

B가 응답한다

친구가 속상해하고 있네요. 애인이 크게 화가 나서 싸웠다고 합니다. 이유를 들어 보니, 그가 중요한 기념일을 기억하지 못한 채 그냥 넘어가 버렸다고 하는군요. 그렇다면 그의 애인이 화가 난 것도 놀랄 일도 아니지요. 어떤 당연한 일에 대해서 말할 때 이 패턴을 사용할 수 있습니다.

**~하는 게
놀랄 일도 아니지.**

- 그녀가 너에게 화를 내는 게
- 네가 어려움에 빠지게 되는 게
- 네 상사가 너를 죽이려고 했던 게
- 네가 또 깜박했다는 게
- 집 안에 이상한 냄새가 가득한 게

Unit 044
서로 대화하는 두 개의 패턴! PATTERN A+B

A: I forgot my girlfriend's birthday.

B: It's no wonder she's angry at you. **She was expecting something special.**

A: I forgot to do my homework.

B: It's no wonder you're going to be in trouble. **The teacher is so strict about it.**

A: I forgot to save the file.

B: It's no wonder your boss tried to kill you. **That was a very important file.**

A: I forgot to bring my cell phone.

B: It's no wonder you were absent-minded again. **You are always like that.**

A: I forgot to turn off the burner.

B: It's no wonder it's full of strange smell in the house. **The stew in the pot was cooked a week ago.**

A: 나 내 여자친구의 생일을 잊었어.

B: 그녀가 너에게 화를 내는 게 놀랄 일도 아니지. 그녀는 뭔가 특별한 걸 기대하고 있었다고.

A: 나 숙제를 하는 것을 잊었어.

B: 네가 어려움에 빠지게 되는 게 놀랄 일도 아니지. 그 선생님은 그에 대해선 정말 엄격하잖아.

A: 나 파일을 저장하는 것을 잊었어.

B: 네 상사가 너를 죽이려 했던 게 놀랄 일도 아니지. 그건 정말 중요한 파일이었다고.

A: 나 핸드폰을 가져오는 것을 잊었어.

B: 네가 또 깜박한 게 놀랄 일도 아니지. 너 원래 그렇잖아.

A: 나 버너를 끄는 것을 잊었어.

B: 집에 이상한 냄새가 가득한 게 놀랄 일도 아니지. 그 냄비 안에 있는 스튜는 일주일이나 된 거야.

The Pairs of Patterns 패턴은 외롭지 않다.

Unit 045

 (A가 말을 걸면)

PATTERN A
난 언제 ~할 수 있어?
When can I ~

When can I ~
- have a drink?
- have some water?
- buy a guitar?
- attack them?
- go out with you?

PATTERN B
~하기 전엔 안 돼.
Not until ~

Not until ~
- you become 18.
- you reach 10 km from here.
- you're done with the entrance exam.
- they all fall asleep.
- you break up with your girlfriend.

기다리고 있는 어떤 일이 있다면, 이 패턴을 사용한 표현을 자주 사용하게 될 것 같네요. 어떤 일에 대해서, '난 그걸 언제 할 수 있는 거야?'라고 물을 때 사용하는 패턴입니다.

난 언제 ~할 수 있어?

- 한잔 할
- 물을 좀 마실
- 기타를 살
- 그들을 공격할
- 너와 데이트를 할

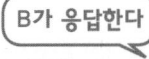
B가 응답한다

사업 동료가 섣부르게 일을 진행하려고 하네요. 지금 하고 있는 프로젝트가 아직 다 끝나지도 않았는데, 새로운 일을 맡아 시작하려고 합니다. 아무래도 하고 있는 일을 다 끝난 다음에야 그 일에 뛰어드는 것이 좋을 것 같네요. 이 패턴을 사용해, '이 일을 끝내기 전엔 안 돼'라며 그를 말릴 수 있겠군요.

~하기 전엔 안 돼.

- 네가 열여덟 살이 되기
- 네가 여기로부터 10km에 도달하기
- 네가 입학 시험을 마치기
- 그들이 모두 잠들기
- 네가 네 여자친구와 헤어지기

Unit 045
서로 대화하는 두 개의 패턴! PATTERN A+B

A: When can I have a drink?

B: Not until you become 18. **No one will offer a drink to a kid.**

A: When can I have some water?

B: Not until you reach 10 km from here. **You made a firm resolution to be on a diet.**

A: When can I buy a guitar?

B: Not until you're done with the entrance exam. **Your grades are so poor.**

A: When can I attack them?

B: Not until they all fall asleep. **It's impossible to win them for now.**

A: When can I go out with you?

B: Not until you break up with your girlfriend. **She may kill me.**

A: 난 언제 한잔 할 수 있어?

B: 열여덟이 되기 전엔 안 돼. 아무도 어린아이에겐 술을 팔지 않는다고.

A: 난 언제 물을 좀 마실 수 있어?

B: 여기서 10km 지점에 도달하기 전엔 안 돼. 너 이번엔 다이어트에 성공하기로 굳게 결심했잖아.

A: 난 언제 기타를 살 수 있어?

B: 입학 시험을 마치기 전엔 안 돼. 넌 성적도 형편없잖아.

A: 난 언제 그들을 공격할 수 있어?

B: 그들이 모두 잠들기 전엔 안 돼. 지금은 그들을 이길 수 없어.

A: 난 언제 너와 데이트를 할 수 있어?

B: 네 여자친구와 헤어지기 전엔 안 돼. 그녀가 나를 죽여버릴지도 몰라.

Unit 046

PATTERN A

~하기는 정말 힘들어.
It's so hard ~

It's so hard ~
- to divorce.
- to clean the room.
- to keep resolutions.
- to go work early every moring
- to communicate with him.

PATTERN B

그게 내가 ~하는 이유야.
That's the reason why I ~

That's the reason why I ~
- don't marry.
- live in your home.
- don't make a resolution.
- don't get a job.
- don't talk to him.

새해가 되면 항상 새로운 다짐을 하고는 합니다. 하지만 작심삼일로 끝나는 경우가 다반사이지요. 결심이 실패로 돌아갔다면, 그때 이 패턴을 사용해 변명을 할 수 있습니다. 그건 너무 어려워서 못하겠다고 말이지요.

~하기는 정말 힘들어.

- 이혼하기는
- 방을 청소하기는
- 결심을 지키기는
- 매일 아침 일찍 일하러 가기는
- 그와 대화하기는

B가 응답한다

핑계 없는 무덤은 없다는 말이 있지요. 누구에게나, 그리고 어떤 일에나 나름대로의 이유가 있고 원인이 있는 법입니다. 그것이 비록 뻔한 핑계처럼 보일지라도요. 당신의 어떤 행동에 대한 이유를 말하고자 할 때 이 패턴을 사용해 보세요.

그게 내가 ~하는 이유야.

- 결혼하지 않는
- 네 집에서 사는
- 결심을 하지 않는
- 취직을 하지 않는
- 그에게 말을 하지 않는

Unit 046
서로 대화하는 두 개의 패턴! PATTERN A+B

A: It's so hard to divorce.

B: That's the reason why I don't marry.

A: It's so hard to clean the room.

B: That's the reason why I live in your home.

A: It's so hard to keep resolutions.

B: That's the reason why I don't make a resolution.

A: It's so hard to go work early every moring.

B: That's the reason why I don't get a job.

A: It's so hard to communicate with him.

B: That's the reason why I don't talk to him.

A: 이혼하기는 정말 힘들어.

B: 그게 내가 결혼하지 않는 이유야.

A: 방을 청소하기는 정말 힘들어.

B: 그게 내가 네 집에서 사는 이유야.

A: 결심을 지키기는 정말 힘들어.

B: 그게 내가 결심을 하지 않는 이유야.

A: 매일 아침 일찍 일하러 가기는 정말 힘들어.

B: 그게 내가 취직을 하지 않는 이유야.

A: 그와 대화하기는 정말 힘들어.

B: 그게 내가 그에게 말을 하지 않는 이유야.

Unit 047  A가 말을 걸면

PATTERN A

~라고는 말하지 마.
Don't tell me ~

Don't tell me ~
- you forgot again.
- you need to leave now.
- you will be late.
- you already told her.
- you lost all money.

PATTERN B

너 ~을 어떻게 알았어?
How did you know ~

How did you know ~
- I forgot?
- I need to leave now?
- I would be late?
- I already told her?
- I lost all money?

어떤 문제에 대해서는 그에 대한 이야기조차도 듣기 싫을 때가 있지요. 상대방이 듣기 싫은 말을 하려 한다는 것이 예상된다면, 이 패턴을 사용해 단호하게 말해 보세요. 그런 말이라면 하지도 마!

~라고는 말하지 마.

- 네가 또 잊어버렸다고
- 네가 지금 가야 한다고
- 네가 늦을 거라고
- 넌 이미 그녀에게 말했다고
- 네가 모든 돈을 잃어버렸다고

B가 응답한다

당신이 하려고 했던 말을, 혹은 하려고 했던 행동을 상대가 미리 예측해서 말해주네요. 이 패턴을 사용해 물어볼 수 있겠지요. 너 그걸 어떻게 안 거야?

너 ~을 어떻게 알았어?

- 내가 잊었다는 것을
- 내가 지금 가야 한다는 것을
- 내가 늦을 거라는 것을
- 내가 이미 그녀에게 말했다는 것을
- 내가 모든 돈을 잃어버렸다는 것을

Unit 047
서로 대화하는 두 개의 패턴! PATTERN A+B

A: Don't tell me you forgot again.

B: How did you know? **I didn't even try to remember from the beginning.**

A: Don't tell me you need to leave now.

B: How did you know? **I didn't even try to stay from the beginning.**

A: Don't tell me you will be late.

B: How did you know? **I didn't even try to come early from the beginning.**

A: Don't tell me you already told her.

B: How did you know? **I didn't even try to hide from the beginning.**

A: Don't tell me you lost all money.

B: How did you know? **I've never expected the stock will go up from the beginning.**

A: 네가 또 잊어버렸다고 말하지 마.

B: 어떻게 알았어? 애초부터 기억하려 하지도 않았어.

A: 네가 지금 가야 한다고 말하지 마.

B: 어떻게 알았어? 애초부터 머무를 생각도 없었어.

A: 네가 늦을 거라고 말하지 마.

B: 어떻게 알았어? 애초부터 빨리 오진 않을 생각이었어.

A: 넌 이미 그녀에게 말했다고 말하지 마.

B: 어떻게 알았어? 애초부터 숨기지 않을 생각이었어.

A: 네가 모든 돈을 잃어버렸다고 말하지 마.

B: 어떻게 알았어? 애초부터 그 주식이 오를 것이라곤 기대도 하지 않았어.

Unit 048

(A가 말을 걸면)

PATTERN A

~는 아주 쉬워.
It's so easy ~

It's so easy ~
- to fall in love.
- to stop smoking.
- to cook pasta.
- to drink 10 bottles of beer.
- to take an exam.

PATTERN B

그게 ~을 의미하지는 않아.
It doesn't mean ~

It doesn't mean ~
- you can get a date.
- you can stop smoking.
- you can cook delicious pasta.
- you won't get drunk.
- you can pass the exam.

정말 쉬운 어떤 일에 대해서 말할 때 사용하는 패턴입니다. 하지만 이 패턴은 신중하게 사용해야 할 것 같네요. 그건 정말 쉽다고 말해두었다가, 나중에 실패하면 괜한 망신만 살 수도 있잖아요.

~는 아주 쉬워.

- 사랑에 빠지는 것은
- 금연하는 것은
- 파스타를 만드는 것은
- 열 병의 맥주를 마시는 것은
- 시험을 보는 것은

B가 응답한다

항상 현실과 이상은 다른 법이지요. 그렇게 말로는 뭐든 할 수 있을 것 같지만, 막상 해 보면 생각과는 다를 수가 있습니다. 상대방의 어떤 말에 대해서, '그게 꼭 그런 의미는 아니야'라고 되짚어 줄 때 사용하는 패턴입니다.

그게 ~을 의미하지는 않아.

- 네가 데이트를 할 수 있다는 것을
- 네가 담배를 끊을 수 있다는 것을
- 네가 맛있는 파스타를 만들 수 있다는 것을
- 네가 취하지 않을 거라는 것을
- 네가 그 시험에 통과할 수 있다는 것을

Unit 048
서로 대화하는 두 개의 패턴! PATTERN A+B

A: It's so easy to fall in love.

B: It doesn't mean you can get a date.

A: It's so easy to stop smoking.

B: It doesn't mean you can stop smoking.

A: It's so easy to cook pasta.

B: It doesn't mean you can cook delicious pasta.

A: It's so easy to drink 10 bottles of beer.

B: It doesn't mean you won't get drunk.

A: It's so easy to take an exam.

B: It doesn't mean you can pass the exam.

A: 사랑에 빠지는 것은 아주 쉬워.

B: 그게 네가 데이트를 할 수 있다는 것을 의미하지는 않아.

A: 금연하는 것은 아주 쉬워.

B: 그게 네가 담배를 끊을 수 있다는 것을 의미하지는 않아.

A: 파스타를 만드는 것은 아주 쉬워.

B: 그게 네가 맛있는 파스타를 만들 수 있다는 것을 의미하지는 않아.

A: 열 병의 맥주를 마시는 것은 아주 쉬워.

B: 그게 네가 취하지 않을 거라는 것을 의미하지는 않아.

A: 시험을 보는 것은 아주 쉬워.

B: 그게 네가 그 시험에 통과할 수 있다는 것을 의미하지는 않아.

Unit 049

A가 말을 걸면

PATTERN A

너 ~을 알고 있었어?
Did you know ~

Did you know ~

- Kate will marry soon?
- he got a job?
- she's pregnant?
- he was promoted?
- she was accepted to Harvard?

PATTERN B

~해서 기뻐.
I'm glad ~

I'm glad ~

- she will marry.
- he got a job.
- she's pregnant.
- he is promoted.
- she was accepted to Harvard.

놀라운 소식을 듣게 되었습니다. 당장 주변 사람에게 전해주어야 할 것만 같은 기분이네요. 입이 너무나도 근질거려서 말이지요. 먼저 이 패턴을 사용해, '너 그거 알고 있었어?'라고 운을 뗄 수 있습니다.

너 ~을 알고 있었어?

- Kate가 곧 결혼한다는 것을
- 그가 취직했다는 것을
- 그녀가 임신했다는 것을
- 그가 승진했다는 것을
- 그녀가 하버드에 합격했다는 것을

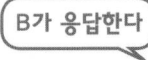

리액션이 좋다는 말, 들어보신 적 있으세요? 상대방이 어떤 말을 했을 때, 그 말에 대해 적절한 반응을 해 주면 대화가 훨씬 더 매끄럽게 이어질 수 있겠지요. 친구가 좋은 소식을 들려준다면, 이 패턴을 사용하여 적절한 리액션을 해 줄 수 있겠네요.

~해서 기뻐.

- 그녀가 곧 결혼을 해서
- 그가 취직을 해서
- 그녀가 임신을 해서
- 그가 승진을 해서
- 그녀가 하버드에 합격해서

Unit 049
서로 대화하는 두 개의 패턴! PATTERN A+B

A: Did you know Kate will marry soon?

B: I'm glad to hear that. **She has had countless dates, hasn't she?**

A: Did you know he got a job?

B: I'm glad to hear that. **He has always failed in his interviews, hasn't he?**

A: Did you know she's pregnant?

B: I'm glad to hear that. **She has hated kids, hasn't she?**

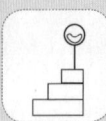

A: Did you know he was promoted?

B: I'm glad to hear that. **He had a big fight with his boss, didn't he?**

A: Did you know she was accepted to Harvard?

B: I'm glad to hear that. **She was the last one in high school, wasn't she?**

A: 너 Kate가 곧 결혼한다는 것을 알고 있었어?

B: 반가운 소리네. 그녀는 남자를 셀 수 없이 갈아치웠잖아. 그렇지 않아?

A: 너 그가 취직했다는 것을 알고 있었어?

B: 반가운 소리네. 그는 항상 면접에서 떨어졌었잖아. 그렇지 않아?

A: 너 그녀가 임신했다는 것을 알고 있었어?

B: 반가운 소리네. 그녀는 아이를 정말 싫어했잖아. 그렇지 않아?

A: 너 그가 승진했다는 것을 알고 있었어?

B: 반가운 소리네. 그는 상사와 대판 싸웠었잖아. 그렇지 않아?

A: 너 그녀가 하버드에 합격했다는 것을 알고 있었어?

B: 반가운 소리네. 걘 고등학교 때 꼴등이었잖아. 그렇지 않아?

Unit 050

A가 말을 걸면

PATTERN A

넌 얼마나 ~했니?
How much did you ~

How much did you ~
- pay for it?
- drink?
- study?
- sleep?
- like the concert?

PATTERN B

난 ~하지 않았어.
I didn't ~

I didn't ~
- pay at all.
- drink at all.
- study at all.
- sleep at all.
- like it at all.

시험 당일 아침에 친구를 만나면, 가장 먼저 이렇게 물어보지 않나요? '너 어제 공부 많이 했어? 얼마나 했어?'라고요. 어떤 일을 얼마나 많이 했는지 물어볼 때 사용할 수 있는 패턴입니다.

넌 얼마나 ~했니?

- 그것에 지불했니
- 마셨니
- 공부했니
- 잠을 잤니
- 그 공연이 좋았니

B가 응답한다

'at all'은 부정문 문장에서 '전혀', '조금도'라는 의미로 쓰이는 표현입니다. 어떤 일에 대해서, '난 그것을 전혀 하지 않았어'라고 말하려 한다면 이 패턴을 사용하면 됩니다.

난 ~하지 않았어.

- 전혀 지불하지
- 전혀 마시지
- 전혀 공부하지
- 전혀 잠을 자지
- 전혀 그게 좋지

Unit 050
서로 대화하는 두 개의 패턴! PATTERN A+B

A: How much did you pay for it?

B: I didn't pay at all. **My boyfriend bought it for me.**

A: How much did you drink?

B: I didn't drink at all. **I had to drive.**

A: How much did you study?

B: I didn't study at all. **I knew what the questions would be.**

A: How much did you sleep?

B: I didn't sleep at all. **I was confused sleeping pills with stimulants.**

A: How much did you like the concert?

B: I didn't like it at all. **The singer caught a cold.**

A: 넌 얼마나 그것에 지불했니?

B: 전혀 안 냈어. 남자친구가 사줬거든.

A: 넌 얼마나 마셨니?

B: 전혀 마시지 않았어. 운전을 해야 했거든.

A: 넌 얼마나 공부했니?

B: 전혀 공부하지 않았어. 어떤 문제가 나올지 알고 있었거든.

A: 넌 얼마나 잠을 잤니?

B: 전혀 자지 않았어. 수면제와 각성제를 헷갈렸거든.

A: 넌 얼마나 그 공연이 좋았니?

B: 전혀 좋지 않았어. 보컬이 감기에 걸렸었거든.

Unit 051  A가 말을 걸면

PATTERN A

~에 관심이 있니?
Are you interested in ~

Are you interested in ~

- me?
- doing volunteer work?
- running in the election?
- playing an instrument?
- being a member of our orchestra?

PATTERN B

난 ~에 관심이 없어.
I'm not interested in ~

I'm not interested in ~

- you.
- doing volunteer work.
- running in the election.
- playing an instrument.
- being a member of your orchestra.

호감이 있는 상대와 친해지고 싶을 땐 어떻게 하시나요? 보통 관심사가 같으면 금세 친해지는 경우가 많지요. 이 패턴을 사용해서, 상대방과 같은 관심사를 발견하는 기회를 만들어 보세요.

~에 관심이 있니?

- 나에게
- 봉사활동을 하는 것에
- 선거에 출마하는 것에
- 악기를 다루는 것에
- 우리 오케스트라의 멤버가 되는 것에

B가 응답한다

번화가를 걷다 보면 모르는 사람이 불쑥 말을 걸며 이렇게 물어오는 경우가 있지요. '도를 아십니까?'라고요. 이 패턴을 사용해 확실하게 말해 주세요. 그런 덴 관심 없어요!

난 ~에 관심이 없어.

- 너에게
- 봉사활동을 하는 것에
- 선거에 출마하는 것에
- 악기를 다루는 것에
- 너희 오케스트라의 멤버가 되는 것에

Unit 051
서로 대화하는 두 개의 패턴! PATTERN A+B

A: Are you interested in me?

B: I'm not interested in you. **I'm sick of a snob.**

A: Are you interested in doing volunteer work?

B: I'm not interested in doing volunteer work. **I'm allergic to lower class people.**

A: Are you interested in running in the election?

B: I'm not interested in running in the election. **I don't like to take center stage.**

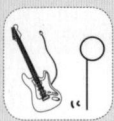

A: Are you interested in playing an instrument?

B: I'm not interested in playing an instrument. **I don't like stillness.**

A: Are you interested in being a member of our orchestra?

B: I'm not interested in being a member of your orchestra. **I'm sick of the crowd.**

A: 나에게 관심이 있니?

B: 너에겐 관심 없어. 난 속물에겐 질색이야.

A: 봉사활동을 하는 것에 관심이 있니?

B: 봉사활동 하는 것엔 관심 없어. 난 하층민들에게 알러지가 있어.

A: 선거에 출마하는 것에 관심이 있니?

B: 난 출마하는 덴 관심 없어. 난 주목을 받는 것을 싫어해.

A: 악기를 다루는 것에 관심이 있니?

B: 난 악기 연주엔 관심 없어. 난 정적인 건 싫어.

A: 우리 오케스트라의 멤버가 되는 것에 관심이 있니?

B: 오케스트라 멤버가 되는 것엔 관심 없어. 난 사람 많은 건 질색이야.

Unit 052

A가 말을 걸면

PATTERN A

난 ~할 준비가 됐어.
I'm ready to ~

I'm ready to ~
- go there.
- drink.
- leave my office.
- play computer games.
- have a new girlfriend.

PATTERN B

~은 끝냈어?
Are you done ~

Are you done ~
- with your meal?
- with your exam?
- with the work?
- with your homework?
- with your girlfriend?

이제 곧 시작할 어떤 일에 대해서, '나 그것을 할 준비가 다 됐어!'라는 말을 할 때 사용하는 패턴입니다.

난 ~할 준비가 됐어.

거기에 갈

술을 마실

내 사무실을 떠날

컴퓨터 게임을 할

새 여자친구를 사귈

B가 응답한다

아직 퇴근 시간이 다 되지도 않았는데, 옆 자리의 동료가 벌써 집에 갈 채비를 하고 있군요. 분명 할 일이 많이 있었던 것 같은데 말이에요. 이 패턴을 사용해, '너 그건 다 끝냈어?'라고 물어볼 수 있겠지요.

~은 끝냈어?

네 식사는

네 시험은

그 일은

네 숙제는

네 여자친구와는

Unit 052
서로 대화하는 두 개의 패턴! PATTERN A+B

A: I'm ready to go there.

B: Are you done with your meal?

A: I'm ready to drink.

B: Are you done with your exam?

A: I'm ready to leave my office.

B: Are you done with the work?

A: I'm ready to play computer games.

B: Are you done with your homework?

A: I'm ready to have a new girlfriend.

B: Are you done with your girlfriend?

A: 난 거기에 갈 준비가 됐어.

B: 네 식사는 끝냈어?

A: 난 술을 마실 준비가 됐어.

B: 네 시험은 끝냈어?

A: 난 내 사무실을 떠날 준비가 됐어.

B: 그 일은 끝냈어?

A: 난 컴퓨터 게임을 할 준비가 됐어.

B: 네 숙제는 끝냈어?

A: 난 새 여자친구를 사귈 준비가 됐어.

B: 네 여자친구와는 끝냈어?

Unit 053

PATTERN A

내가 ~하길 바라니?
Do you want me ~

Do you want me ~
- to die?
- to give up?
- to accompany you?
- to call you three times a day?
- to be cruel?

PATTERN B

네가 ~하길 원하는 건 아니야.
I don't want you ~

I don't want you ~
- to die.
- to give up.
- to accompany me.
- to call me three times a day.
- to be cruel.

상대방이 말하고자 하는 의도를 잘 알아차리지 못할 때가 있습니다. 그가 원하는 것을 직접적으로 말하지 않고, 에둘러 말하는 경우라면 특히 더욱 그렇겠지요. 그럴 때면 이 패턴을 사용해서, '내가 ~하길 바라니?'라고 직접적으로 물어보세요.

내가 ~하길 바라니?

- 죽기를
- 포기하기를
- 너와 함께하기를
- 너에게 하루 세 번 전화하기를
- 잔인해지기를

B가 응답한다

밀고 당기기를 잘해야 연애를 잘한다는 말이 있습니다. 그런데 '밀당'이 과연 꼭 필요한 것일까요? 밀당을 하느라 꼭 하고 싶은 말을 하지 못할 때도 있지요. 가끔은 이런 패턴을 사용해 과감하게 의사를 전달하는 것도 필요할 것 같네요. '난 그런 건 싫어!'라고요.

네가 ~하길 원하는 건 아니야.

- 죽기를
- 포기하기를
- 나와 함께하기를
- 나에게 하루 세 번 전화하기를
- 잔인해지기를

Unit 053
서로 대화하는 두 개의 패턴! PATTERN A+B

A: Do you want me to die?

B: I don't want you to die. **I just want you to play one more round.**

A: Do you want me to give up?

B: I don't want you to give up. **I just want you to calm down.**

A: Do you want me to accompany you?

B: I don't want you to accompany me. **I just want you to see me off.**

A: Do you want me to call you three times a day?

B: I don't want you to call me three times a day. **I just want you not to cut me off.**

A: Do you want me to be cruel?

B: I don't want you to be cruel. **I just want you to be sterner.**

A: 내가 죽기를 바라니?

B: 네가 죽기를 바라는 건 아니야. 단지 한 라운드 정도는 더 뛰어볼 수 있다는 거지.

A: 내가 포기하기를 바라니?

B: 네가 포기하길 바라는 건 아니야. 단지 조금 진정했으면 하는 거야.

A: 내가 너와 함께하기를 바라니?

B: 네가 나와 함께하길 바라는 건 아니야. 단지 배웅을 좀 해달라는 거야.

A: 내가 너에게 하루 세 번 전화하기를 바라니?

B: 네가 하루에 세 번이나 연락하길 바라는 건 아니야. 단지 연락을 끊어버리지만 않으면 좋겠어.

A: 내가 잔인해지기를 바라니?

B: 네가 잔인해지길 바라는 건 아니야. 단지 좀 더 단호해졌으면 하는 거야.

Unit 054

PATTERN A
~하는 방법을 모르겠어.
I don't know how to ~

I don't know how to ~
- train a dog.
- make an apple pie.
- bargain down a price.
- communicate with a woman.
- do a card trick.

PATTERN B
내가 ~하는 방법을 보여 줄게.
Let me show you how to ~

Let me show you how to ~
- train a dog.
- make an apple pie.
- bargain down a price.
- communicate with a woman.
- do a card trick.

무엇이든 잘 하는 사람은 없습니다. 잘 하지도 못하는 일에 무턱대고 나서기보다는, 모를 땐 모른다고 솔직하게 말하고 다른 사람에게 물어보세요.

~하는 방법을 모르겠어.

- 강아지를 훈련시키는
- 애플 파이를 만드는
- 가격을 깎는
- 여자와 대화하는
- 카드 마술을 하는

B가 응답한다

'백문이 불여일견'이라는 말이 있습니다. 백 번 듣는 것보다는 한 번 보는 것이 더 낫다는 뜻입니다. 상대방에 대해 무엇인가를 알려줄 때에도, 말로만 어떻게 하라고 말하는 것보다는 직접 보여주는 것이 훨씬 낫겠지요.

내가 ~하는 방법을 보여 줄게.

- 강아지를 훈련시키는
- 애플 파이를 만드는
- 가격을 깎는
- 여자와 대화하는
- 카드 마술을 하는

Unit 054
서로 대화하는 두 개의 패턴! PATTERN A+B

A: I don't know how to train a dog.

B: Let me show you how. **Giving an appropriate reward is all that matters.**

A: I don't know how to make an apple pie.

B: Let me show you how. **Concentration of sugar is all that matters.**

A: I don't know how to bargain down a price.

B: Let me show you how. **Control of facial expression is all that matters.**

A: I don't know how to communicate with a woman.

B: Let me show you how. **Giving a good reaction is all that matters.**

A: I don't know how to do a card trick.

B: Let me show you how. **Make other's eyes turn away.**

A: 강아지를 훈련시키는 방법을 모르겠어.

B: 어떻게 하는지 보여줄게. 적절한 보상을 주어야 한다는 것이 포인트야.

A: 애플 파이를 만드는 방법을 모르겠어.

B: 어떻게 하는지 보여줄게. 설탕의 농도가 포인트야.

A: 가격을 깎는 방법을 모르겠어.

B: 어떻게 하는지 보여줄게. 표정 관리가 포인트야.

A: 여자와 대화하는 방법을 모르겠어.

B: 어떻게 하는지 보여줄게. 좋은 리액션을 주는 게 포인트야.

A: 카드 마술을 하는 방법을 모르겠어.

B: 어떻게 하는지 보여줄게. 다른 이들의 시선을 돌려.

Unit 055

PATTERN A

널 ~하게 만들진 않을 거야.
I won't make you ~

I won't make you ~
- angry.
- mad.
- shy.
- cry.
- a bad person.

PATTERN B

넌 이미 날 ~하게 만들었어.
You already made me ~

You already made me ~
- angry.
- crazy.
- shy.
- cry.
- a bad person.

프러포즈를 할 때 흔히 사용하게 될 것 같은 패턴이네요. '절대 너를 힘들게 하지 않을게'라는 식으로요.

**널 ~하게
만들진 않을 거야.**

| 화나게
| 미치게
| 부끄럽게
| 울게
| 나쁜 사람이게

B가 응답한다

약을 올리려는 작정이기라도 한 건지, 이미 화가 머리 끝까지 나 있는 당신에게 친구가 말하는 군요. 절대 너를 화나게 하지 않을 거라고요. 이 패턴을 사용해 대답해 줄 수 있을 것 같네요.

**넌 이미 날 ~하게
만들었어.**

| 화나게
| 미치게
| 부끄럽게
| 울게
| 나쁜 사람이게

Unit 055
서로 대화하는 두 개의 패턴! PATTERN A+B

A: I won't make you angry.

B: You already made me angry.

A: I won't make you mad.

B: You already made me crazy.

A: I won't make you shy.

B: You already made me shy.

A: I won't make you cry.

B: You already made me cry.

A: I won't make you a bad person.

B: You already made me a bad person.

A: 널 화나게 만들진 않을 거야.

B: 넌 이미 날 화나게 만들었어.

A: 널 미치게 만들진 않을 거야.

B: 넌 이미 날 미치게 만들었어.

A: 널 부끄럽게 만들진 않을 거야.

B: 넌 이미 날 부끄럽게 만들었어.

A: 널 울게 만들진 않을 거야.

B: 넌 이미 날 울게 만들었어.

A: 널 나쁜 사람이게 만들진 않을 거야.

B: 넌 이미 날 나쁜 사람이게 만들었어.

Unit 056

(A가 말을 걸면)

PATTERN A

편하게 ~해.
Feel free to ~

Feel free to ~
- say anything.
- use mine.
- look around.
- order whatever.
- contact me at any time.

PATTERN B

~해 줘서 고마워.
It's nice of you to ~

It's nice of you to ~
- say so.
- lend yours.
- help me.
- ask me out to dinner.
- see me off.

낯선 사람과 대화를 하거나 일을 함께 할 때, 누구라도 어색하거나 불편함을 느끼기 마련입니다. 이 패턴을 통해 상대방을 배려해 줄 수 있겠군요. '편하게 ~ 하세요'라는 뜻의 패턴입니다.

편하게 ~해.

말해.

내 거 써.

둘러봐.

무엇이든 주문해.

언제든지 연락해.

B가 응답한다

정말 친절하고 매너가 좋은 사람 어떻게 생각하세요? 그런 사람들은 주변에 사람들이 알아서 몰려드는 것 같습니다. 친절을 베푸는 사람이 있다면 이 패턴을 사용해 감사의 표현을 할 수 있습니다.

~해 줘서 고마워.

그렇게 말해

네 것을 빌려

날 도와

나를 저녁식사에 초대해

날 배웅해

Unit 056
서로 대화하는 두 개의 패턴! PATTERN A+B

A: Feel free to say anything.

B: It's nice of you to say so.

A: Feel free to use mine.

B: It's nice of you to lend yours.

A: Feel free to look around.

B: It's nice of you to help me.

A: Feel free to order whatever.

B: It's nice of you to ask me out to dinner.

A: Feel free to contact me at any time.

B: It's nice of you to see me off.

A: 편하게 말해.

B: 그렇게 말해 줘서 고마워.

A: 편하게 내 거 써.

B: 네 것을 빌려 줘서 고마워.

A: 편하게 둘러봐.

B: 날 도와 줘서 고마워.

A: 편하게 무엇이든 주문해.

B: 나를 저녁식사에 초대해 줘서 고마워.

A: 편하게 언제든지 연락해.

B: 날 배웅해 줘서 고마워.

Unit 057

PATTERN A

~한 최선의 방법이 뭘까?
What is the best way ~

What is the best way ~
- to make this?
- to communicate?
- to go to the mall?
- to be happy?
- to be rich?

PATTERN B

방법은 ~ 뿐이야.
The only way is ~

The only way is ~
- following the manual.
- listening to others carefully.
- taking a cab.
- giving up your greed.
- marrying me.

우리는 항상 최선의 방법을 선택하려고 합니다. 그리고 그것을 위해 여러 가지 상황, 방법을 비교하고 장, 단점을 꼼꼼하게 분석해 보지요. 물론, 가장 쉬운 방법은 그것을 잘 아는 사람에게 물어보는 것일 테고요. 바로 이 패턴을 사용해 그런 질문을 할 수 있습니다.

~한 최선의 방법이 뭘까?

| 이걸 만드는
| 소통을 하는
| 그 쇼핑몰에 가는
| 행복해지는
| 부자가 되는

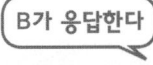

B가 응답한다

한 가지만 제대로 지켜도 때로는 많은 일들을 해결할 수 있습니다. 친구가 어떤 일을 해결하기 위한 가장 쉽고도 유일한 방법을 찾고 있다면, 그리고 당신이 그것을 알고 있다면 이 패턴을 사용해 말해주세요.

방법은 ~ 뿐이야.

| 설명서를 따르는 것
| 다른 사람들의 말에 귀를 기울이는 것
| 택시 타는 것
| 네 욕심을 버리는 것
| 나와 결혼하는 것

Unit 057
서로 대화하는 두 개의 패턴! PATTERN A+B

A: What is the best way to make this?

B: The only way is following the manual. **That's a really complicated device.**

A: What is the best way to communicate?

B: The only way is listening to others carefully. **No one communicates with people who don't listen to others.**

A: What is the best way to go to the mall?

B: The only way is taking a cab. **There are no buses around here.**

A: What is the best way to be happy?

B: The only way is giving up your greed. **Greed makes people miserable.**

A: What is the best way to be rich?

B: The only way is marrying me. **I have 5 hotels under my name.**

A: 이걸 만드는 최선의 방법이 뭘까?

B: 매뉴얼을 따르는 것밖에 없어. 그건 아주 복잡한 장치거든.

A: 소통을 하는 최선의 방법이 뭘까?

B: 다른 사람들에게 귀 기울이는 것밖에 없어. 다른 사람들의 말을 듣지 않는 사람과는 아무도 대화하지 않아.

A: 그 쇼핑몰에 가는 최선의 방법이 뭘까?

B: 택시를 타는 것밖에 없어. 이 근처엔 버스가 없거든.

A: 행복해지는 최선의 방법이 뭘까?

B: 네 욕심을 버리는 것밖에 없어. 탐욕은 사람을 비참하게 만들어.

A: 부자가 되는 최선의 방법이 뭘까?

B: 나와 결혼하는 것밖에 없어. 난 호텔을 다섯 개나 가지고 있거든.

Unit 058

A가 말을 걸면

PATTERN A

언제까지 ~할 거니?
Until when are you going to ~

Until when are you going to ~
- stay here?
- love me?
- have a drink?
- watch TV?
- shop around?

PATTERN B

난 ~할 거야.
I'm going to ~

I'm going to ~
- stay here until tomorrow.
- love you until you die.
- drink until she arrives here.
- watch TV until I feel sleepy.
- shop around until it closes.

다들 어렸을 적 친구들과 함께 시간 가는 줄도 모르고 놀던 기억이 있으실 겁니다. 그렇게 놀다 보니 어느새 해가 져 어두워지던 기억도, 또 어머니로부터 이런 말을 들었던 기억도요. '너 언제까지 친구들이랑 놀 거니?'

언제까지 ~할 거니?

- 여기에 머무를
- 나를 사랑할
- 술을 마실
- TV를 볼
- 가게를 둘러볼

B가 응답한다

휴가철이 가까워 오면 다들 휴가 계획을 잡느라고 바쁘지요. 일정을 정해 달력에 표시를 해 놓고는 그것만을 바라보며 하루하루를 버티기도 합니다. 그처럼 계획이 되어 있는 어떤 일에 대해서 말을 할 때에 이 패턴을 사용할 수 있습니다.

난 ~할 거야.

- 내일까지 여기 머무를
- 네가 죽을 때까지 너를 사랑할
- 그녀가 여기 도착할 때까지 술을 마실
- 내가 잠이 올 때까지 TV를 볼
- 닫을 때까지 가게를 둘러볼

The Pairs of Patterns 패턴은 외롭지 않다.

Unit 058
서로 대화하는, 두 개의 패턴! PATTERN A+B

A: Until when are you going to stay here?

B: I'm going to stay here until tomorrow.

A: Until when are you going to love me?

B: I'm going to love you until you die.

A: Until when are you going to have a drink?

B: I'm going to drink until she arrives here.

A: Until when are you going to watch TV?

B: I'm going to watch TV until I feel sleepy.

A: Until when are you going to shop around?

B: I'm going to shop around until it closes.

A: 언제까지 여기에 머무를 거니?

B: 난 내일까지 여기 머무를 거야.

A: 언제까지 나를 사랑할 거니?

B: 난 네가 죽을 때까지 너를 사랑할 거야.

A: 언제까지 술을 마실 거니?

B: 난 그녀가 여기 도착할 때까지 술을 마실 거야.

A: 언제까지 TV를 볼 거니?

B: 난 내가 잠이 올 때까지 TV를 볼 거야.

A: 언제까지 가게를 둘러볼 거니?

B: 난 닫을 때까지 가게를 둘러볼 거야.

Unit 059  A가 말을 걸면

PATTERN A
~하는 게 좋을 거야.
You had better ~

You had better ~
- shut up.
- get out now.
- pay me back.
- ask his pardon.
- get a body wax.

PATTERN B
~하려고 했었어.
I was about to ~

I was about to ~
- shut up.
- leave.
- pay you back.
- ask his pardon.
- get a body wax.

상대방에게 무엇인가 충고를 해줄 때 사용하는 패턴입니다. '~하는 게 좋을 거야'라는 뜻이지요.

~하는 게 좋을 거야.

- 입을 다무는 게
- 지금 나가는 게
- 나에게 돈을 갚는 게
- 그의 용서를 구하는 게
- 왁싱을 하는 게

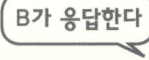

이미 하려고 마음을 먹고 있던 일인데 누군가가 재촉을 해 온다면 짜증이 날 때도 있지요. 어떤 일에 대해서, '안 그래도 그걸 하려고 했었어'라고 말하고자 할 때 사용하는 패턴입니다.

~하려고 했었어.

- 입을 다물려고
- 나가려고
- 너에게 돈을 갚으려고
- 그의 용서를 구하려고
- 왁싱을 하려고

Unit 059
서로 대화하는 두 개의 패턴! PATTERN A+B

A: You had better shut up.

B: I was about to shut up. **Because I was unable to communicate with him.**

A: You had better get out now.

B: I was about to leave. **I can't stand this place any more.**

A: You had better pay me back.

B: I was about to pay you back. **Because I can't stand your low-mindedness any more.**

A: You had better ask his pardon.

B: I was about to ask his pardon. **Because I got something to ask him.**

A: You had better get a body wax.

B: I was about to get a body wax. **Because I decided to go to the beach**

A: 입을 다무는 게 좋을 거야.

B: 나도 입을 다물려고 했었어. 그와는 말이 통하지가 않거든.

A: 지금 나가는 게 좋을 거야.

B: 떠나려고 했었어. 난 이 장소를 더 이상 견딜 수가 없어.

A: 나에게 돈을 갚는 게 좋을 거야.

B: 갚으려고 했었어. 네가 치사하게 구는 꼴을 더 이상은 못 견디겠거든.

A: 그의 용서를 구하는 게 좋을 거야.

B: 그의 용서를 구하려고 했었어. 그에게 부탁할 일이 생겼거든.

A: 왁싱을 하는 게 좋을 거야.

B: 왁싱을 하려 했었어. 다음주에 해변에 가기로 했거든.

Unit 060

PATTERN A

난 ~하는 게 낫겠어.
I would rather ~

I would rather ~
- suicide.
- marry him.
- quit school.
- punish him.
- get a new computer.

PATTERN B

단지 ~때문이야?
Is that just because ~

Is that just because ~
- you made a mistake after drinking?
- he has a lot of money?
- you don't like the school cafeteria?
- he told you a lie?
- you want to play the game?

'~하는 게 낫겠다'라는 의미의 패턴입니다. '차라리'라는 뉘앙스도 함께 들어있습니다.

난 ~하는 게 낫겠어.

- 자살하는 게
- 그와 결혼하는 게
- 학교를 그만두는 게
- 그를 벌주는 게
- 새 컴퓨터를 사는 게

B가 응답한다

친구가 새로운 결심을 내렸습니다. 그런데, 분명 별 것도 아닌 사소한 이유 때문인 것 같네요. 그렇다면 이 패턴을 사용해, '단지 ~때문이야?'라고 말할 수 있겠군요.

단지 ~때문이야?

- 네가 술을 마시고 실수를 했다는 것
- 그가 돈이 많이 있다는 것
- 넌 학생 식당을 좋아하지 않는다는 것
- 그가 너에게 거짓말을 한 것
- 네가 그 게임을 하고 싶다는 것

Unit 060
서로 대화하는 두 개의 패턴! PATTERN A+B

A: I would rather suicide.

B: Is that just because you made a mistake after drinking?

A: I would rather marry him.

B: Is that just because he has a lot of money?

A: I would rather quit school.

B: Is that just because you don't like the school cafeteria?

A: I would rather punish him.

B: Is that just because he told you a lie?

A: I would rather get a new computer.

B: Is that just because you want to play the game?

A: 난 자살하는 게 낫겠어.

B: 단지 네가 술을 마시고 실수를 했다는 것 때문이야?

A: 난 그와 결혼하는 게 낫겠어.

B: 단지 그가 돈이 많이 있다는 것 때문이야?

A: 난 학교를 그만두는 게 낫겠어.

B: 단지 넌 학생 식당을 좋아하지 않는다는 것 때문이야?

A: 난 그를 벌주는 게 낫겠어.

B: 단지 그가 너에게 거짓말을 한 것 때문이야?

A: 난 새 컴퓨터를 사는 게 낫겠어.

B: 단지 네가 그 게임을 하고 싶다는 것 때문이야?

Unit 061

(A가 말을 걸면)

PATTERN A

난 ~하지 않을 수 없어.
I can't help ~

I can't help ~
- drinking.
- loving her.
- going shopping.
- doubting.
- spending all my money.

PATTERN B

그게 바로 ~한 이유야.
That's why ~

That's why ~
- you should stop drinking.
- I call you an idiot.
- you have credit cards.
- you just have to trust.
- your wife asked you to divorce.

아무리 애를 써도 어쩔 수 없는 일이 있습니다. 금연에 여러 번 실패한 흡연자들이라면 아마도 이 말에 공감할 수 있을 것 같네요. 주체할 수 없이, 결국에는 하게 되고야 마는 일에 대해서 이야기할 때 사용하는 패턴입니다.

난 ~하지 않을 수 없어.

- 술을 마시지
- 그녀를 사랑하지
- 쇼핑을 가지
- 의심하지
- 내 돈을 다 써버리지

B가 응답한다

어떤 이유에 대해 설명해 줄 때 사용하는 패턴입니다. 무엇을 잘못했는지도 모른 채, 자신에게 닥친 상황을 억울해하고만 있는 친구가 있다면 이 패턴을 사용해 충고를 해 줄 수도 있겠네요.

그게 바로 ~한 이유야.

- 네가 술을 끊어야 하는
- 내가 널 멍청이라고 부르는
- 네가 신용 카드를 가지고 있는
- 네가 그저 믿어야 하는
- 네 아내가 너에게 이혼을 요구했던

Unit 061
서로 대화하는 두 개의 패턴! PATTERN A+B

A: I can't help drinking.

B: That's why you should stop drinking.

A: I can't help loving her.

B: That's why I call you an idiot.

A: I can't help going shopping.

B: That's why you have credit cards.

A: I can't help doubting.

B: That's why you just have to trust.

A: I can't help spending all my money.

B: That's why your wife asked you to divorce.

A: 난 술을 마시지 않을 수 없어.

B: 그게 바로 네가 술을 끊어야 하는 이유야.

A: 난 그녀를 사랑하지 않을 수 없어.

B: 그게 바로 내가 널 멍청이라고 부르는 이유야.

A: 난 쇼핑을 가지 않을 수 없어.

B: 그게 바로 네가 신용 카드를 가지고 있는 이유야.

A: 난 의심하지 않을 수 없어.

B: 그게 바로 네가 그저 믿어야 하는 이유야.

A: 난 내 돈을 다 써버리지 않을 수 없어.

B: 그게 바로 네 아내가 너에게 이혼을 요구했던 이유야.

Unit 062

A가 말을 걸면

PATTERN A

난 ~하곤 했어.
I used to ~

I used to ~
- visit my grandma.
- have many dates.
- fall asleep in my class.
- earn a lot of money.
- spend a lot of time with my girlfriend.

PATTERN B

~하지 않는다는 말이야?
You mean you don't ~

You mean you don't ~
- visit your grandma now?
- have any dates now?
- sleep in class now?
- earn a lot of money now?
- spend time with your girlfriend now?

과거에 했던, 그러나 지금은 하지 않는 행동에 대해서 말할 때 사용하는 패턴입니다. '~에 익숙하다'는 뜻의 패턴인 'be used to'와 헷갈리지 않도록 주의하세요.

난 ~하곤 했어.

- 내 할머니를 방문하곤
- 많은 데이트를 하곤
- 수업 중 잠을 자곤
- 많은 돈을 벌곤
- 내 여자친구와 많은 시간을 보내곤

상대방의 말에 대해서 다시 한 번 확인을 할 때면 이 패턴을 사용할 수 있습니다. 단순히 그 의미를 제대로 알아먹지 못했을 때에도 이렇게 말할 수 있지만, 상대방의 말을 믿을 수 없을 때에도 이렇게 다시 확인할 수 있겠지요.

~하지 않는다는 말이야?

- 지금은 할머니를 방문하지
- 지금은 어떤 데이트도 하지
- 지금은 수업 중 잠을 자지
- 지금은 많은 돈을 벌지
- 지금은 여자친구와 시간을 보내지

Unit 062
서로 대화하는 두 개의 패턴! PATTERN A+B

A: I used to visit my grandma.

B: You mean you don't visit your grandma now?

A: I used to have many dates.

B: You mean you don't have any dates now?

A: I used to fall asleep in my class.

B: You mean you don't sleep in class now?

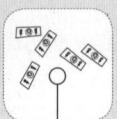

A: I used to earn a lot of money.

B: You mean you don't earn a lot of money now?

A: I used to spend a lot of time with my girlfriend.

B: You mean you don't spend time with your girlfriend now?

A: 난 내 할머니를 방문하곤 했어.

B: 지금은 할머니를 방문하지 않는다는 말이야?

A: 난 많은 데이트를 하곤 했어.

B: 지금은 어떤 데이트도 하지 않는다는 말이야?

A: 난 수업 중 잠을 자곤 했어.

B: 지금은 수업 중 잠을 자지 않는다는 말이야?

A: 난 많은 돈을 벌곤 했어.

B: 지금은 많은 돈을 벌지 않는다는 말이야?

A: 난 내 여자친구와 많은 시간을 보내곤 했어.

B: 지금은 여자친구와 시간을 보내지 않는다는 말이야?

Unit 063

PATTERN A
~할 사람?
Who is going to ~

Who is going to ~
- pay for it?
- steal the car?
- provide the data?
- sit next to the boss?
- come to work on Christmas?

PATTERN B
내가 ~할 거라고 기대하진 마.
Don't expect me to ~

Don't expect me to ~
- pay for it.
- steal the car.
- provide all the data.
- sit next to him.
- come to work on Christmas.

어떤 일에 대한 지원자를 찾을 때 쓸 수 있는 패턴입니다. 물론, 시키려 하는 일이 귀찮은 일이라면 아무도 하려고 하지 않겠지요.

~할 사람?

- 그걸 지불할
- 그 차를 훔칠
- 그 자료를 줄
- 보스 옆에 앉을
- 크리스마스에 일하러 올

B가 응답한다

친구가 귀찮은 일을 시키려고 하는 것 같네요. 괜히 잘 해 주면서 은근슬쩍 당신에게 접근하는 것을 보니… 이 패턴을 사용해 딱 잘라서 말해주세요. '나에게 그걸 기대하지는 마!'라고요.

내가 ~할 거라고 기대하진 마.

- 그걸 지불할
- 그 차를 훔칠
- 모든 자료를 제공할
- 그의 옆에 앉을
- 크리스마스에 일하러 올

Unit 063
서로 대화하는 두 개의 패턴! PATTERN A+B

A: Who is going to pay for it?

B: Don't expect me to do that. **I have no money at all.**

A: Who is going to steal the car?

B: Don't expect me to do that. **I've never had any experiences to drive so far.**

A: Who is going to provide the data?

B: Don't expect me to do that. **I have no right on that.**

A: Who is going to sit next to the boss?

B: Don't expect me to do that. **I'm sick of him.**

A: Who is going to come to work on Christmas?

B: Don't expect me to do that. **I have an important appointment.**

A: 그걸 지불할 사람?

B: 나에게 기대하진 마. 난 돈이 전혀 없어.

A: 그 차를 훔칠 사람?

B: 나에게 기대하진 마. 난 운전 경험이 전혀 없어.

A: 그 자료를 줄 사람?

B: 나에겐 기대하지 마. 난 권한이 없어.

A: 보스 옆에 앉을 사람?

B: 나에게 기대하진 마. 난 그가 질색이야.

A: 크리스마스에 일하러 올 사람?

B: 나에게 기대하진 마. 난 중요한 약속이 있어.

Unit 064

A가 말을 걸면

PATTERN A

무슨 일이 있어도 ~
No matter what you do, just ~

No matter what you do, just ~
- protect her.
- complete the project by the due date.
- figure out where the bomb is.
- make him change his mind.
- access to the confidential information.

PATTERN B

난 ~하려 최선을 다 할 거야.
I will do my best ~

I will do my best ~
- to protect her.
- to meet the deadline.
- to look for the bomb.
- to make him change his mind.
- to access to the confidential information.

기필코 완수해야 하는, 아주 중요한 임무에 동료가 투입될 예정입니다. 이 패턴을 사용해 그 임무의 중요성을 다시 한 번 강조해 줄 수 있겠네요.

무슨 일이 있어도 ~

> 그녀를 보호해.
>
> 기한 내에 그 프로젝트를 완료해.
>
> 폭탄이 어디에 있는지 알아내.
>
> 그가 그의 마음을 바꾸도록 만들어.
>
> 기밀 정보에 접근해.

B가 응답한다

노력한다고 해서 모든 일이 다 잘 되는 것은 아닙니다. 하지만 노력도 하기 전에 그냥 포기해 버릴 수는 없잖아요. 가능성이 있다면, 일단 뛰어들고 봐야지요. 최선을 다하겠다는 말을 할 때 사용하는 패턴입니다.

난 ~하려 최선을 다 할 거야.

> 그녀를 보호하도록
>
> 마감에 맞추도록
>
> 폭탄을 찾도록
>
> 그가 그의 마음을 바꾸게 만들도록
>
> 그 기밀 정보에 접근하려

Unit 064
서로 대화하는 두 개의 패턴! PATTERN A+B

A: No matter what you do, just protect her.

B: I will do my best. **She is virtually safe.**

A: No matter what you do, just complete the project by the due date.

B: I will do my best. **The project is virtually completed.**

A: No matter what you do, just figure out where the bomb is.

B: I will do my best. **The bomb was virtually found.**

A: No matter what you do, just make him change his mind.

B: I will do my best. **He virtually changed his mind.**

A: No matter what you do, just access to the confidential information.

B: I will do my best. **The information is virtually yours.**

A: 무슨 일이 있어도 그녀를 보호해.

B: 최선을 다할게. 그녀는 안전한 상태나 다름 없어.

A: 무슨 일이 있어도 기한 내에 그 프로젝트를 완료해.

B: 최선을 다할게. 그 프로젝트는 완성된 것이나 다름 없어.

A: 무슨 일이 있어도 폭탄이 어디에 있는지 알아내.

B: 최선을 다할게. 폭탄은 찾아진 것이나 다름 없어.

A: 무슨 일이 있어도 그가 그의 마음을 바꾸도록 만들어.

B: 최선을 다할게. 그는 마음을 돌린 것이나 다름 없어.

A: 무슨 일이 있어도 기밀 정보에 접근해.

B: 최선을 다할게. 그 기밀은 사실상 얻어진 것이나 다름 없어.

Unit 065

PATTERN A

~에 대한 별다른 변명이 있어?
Do you have any excuses for ~

Do you have any excuses for ~
- being late?
- lying to me?
- being absent?
- breaking the appointment?
- spending all the money?

PATTERN B

난 ~해야만 했었어.
I had to ~

I had to ~
- be late.
- lie to you.
- be absent.
- break the appointment.
- spend all the money.

남자친구가 당신에게 큰 실수를 저질렀습니다. 그래도 무턱대고 화만 내기보다는, 일단 변명할 기회 정도는 줄 수 있는 것이겠지요.

~에 대한 별다른 변명이 있어?

- 늦게 온 것
- 나에게 거짓말을 한 것
- 결석한 것
- 그 약속을 깨뜨린 것
- 모든 돈을 쓴 것

B가 응답한다

당신에게 변명을 요구하는 상대방. 하지만 정말 당당한 일이었다면, 다른 선택의 여지가 없었고 변명 따위 하고 싶지 않았다면 이 패턴을 통해 말할 수 있겠네요. 그래야만 했다고요. 물론, 상대가 당신의 여자친구라면, 차일 수도 있겠지만요.

난 ~해야만 했었어.

- 늦어야만
- 너에게 거짓말을 해야만
- 결석을 해야만
- 그 약속을 깨야만
- 모든 돈을 써야만

The Pairs of Patterns 패턴은 외롭지 않다.

Unit 065
서로 대화하는 두 개의 패턴! PATTERN A+B

A: Do you have any excuses for being late?

B: I had to be late. **That's all I can say.**

A: Do you have any excuses for lying to me?

B: I had to lie to you. **That's all I can say.**

A: Do you have any excuses for being absent?

B: I had to be absent. **That's all I can say.**

A: Do you have any excuses for breaking the appointment?

B: I had to break the appointment. **That's all I can say.**

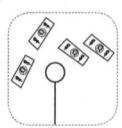

A: Do you have any excuses for spending all the money?

B: I had to spend all the money. **That's all I can say.**

A: 늦게 온 것에 대한 별다른 변명이 있어?

B: 난 늦어야만 했어. 내가 할 말은 그게 전부야.

A: 나에게 거짓말을 한 것에 대한 별다른 변명이 있어?

B: 난 너에게 거짓말을 해야 했어. 내가 할 말은 그게 전부야.

A: 결석한 것에 대한 별다른 변명이 있어?

B: 난 결석을 해야 했어. 내가 할 말은 그게 전부야.

A: 그 약속을 깨뜨린 것에 대한 별다른 변명이 있어?

B: 난 그 약속을 깨야만 했어. 내가 할 말은 그게 전부야.

A: 모든 돈을 쓴 것에 대한 별다른 변명이 있어?

B: 난 모든 돈을 써버려야 했어. 내가 할 말은 그게 전부야.

The Pairs of Patterns 패턴은 외롭지 않다.

Unit 066

A가 말을 걸면

PATTERN A

넌 언제 ~할 거야?
When will you ~

When will you ~
- call me?
- give up?
- marry him?
- fire me?
- buy me lunch?

PATTERN B

왜 내가 ~할 거라고 생각하는 거야?
Why do you think I will ~

Why do you think I will ~
- call you?
- give up?
- marry him?
- fire you?
- buy you lunch?

친구에게 어떤 일이 예정되어 있습니다. 혹은, 그저 당신이 그의 행동에 대해 어떤 예상을 하고 있든가요. 이 패턴을 통해, '너 언제 그걸 할 거야?'라고 물어볼 수 있습니다.

넌 언제 ~할 거야?

- 나에게 전화할
- 포기할
- 그와 결혼할
- 나를 해고할
- 나에게 점심을 살

B가 응답한다

떡 줄 사람은 생각도 없는데 김칫국부터 마신다는 말이 있지요. 그처럼, 당신이 하지도 않을 일에 대해 상대방이 먼저 설레발을 친다면 이 패턴으로 물어보세요. 왜 그렇게 생각하느냐고요.

왜 내가 ~할 거라고 생각하는 거야?

- 너에게 전화할
- 포기할
- 그와 결혼할
- 너를 해고할
- 너에게 점심을 살

Unit 066
서로 대화하는 두 개의 패턴! PATTERN A+B

A: When will you call me?

B: Why do you think I will call you? **I'm tired of counseling on your love and dates.**

A: When will you give up?

B: Why do you think I will give up? **I began taking an interest in it.**

A: When will you marry him?

B: Why do you think I will marry him? **I hate a man with a roving eye.**

A: When will you fire me?

B: Why do you think I will fire you? **I was just thinking about reducing your salary.**

A: When will you buy me lunch?

B: Why do you think I will buy you lunch? **You asked me to go for the blind date.**

A: 넌 언제 나에게 전화할 거야?

B: 왜 내가 너에게 전화할 거라고 생각해? 네 연애 상담을 해 주는 건 질렸어.

A: 넌 언제 포기할 거야?

B: 왜 내가 포기할 거라고 생각해? 난 슬슬 재미를 붙여가고 있다고.

A: 넌 언제 그와 결혼할 거야?

B: 왜 내가 그와 결혼할 거라고 생각해? 난 바람기 많은 남자는 질색이야.

A: 넌 언제 나를 해고할 거야?

B: 왜 내가 널 해고할거라고 생각해? 그냥 네 월급만 깎을 생각이었어.

A: 넌 언제 나에게 점심을 살 거야?

B: 왜 내가 너에게 점심을 살 거라고 생각해? 네가 나에게 소개팅에 나가달라고 부탁했었잖아.

Unit 067

A가 말을 걸면

PATTERN A

얼마나 ~
How ~

How ~

- beautiful is she?
- fast is the cat?
- far is the place?
- complicated is the way to go there?
- delicious is the apple pie?

PATTERN B

한 번 ~
Once you ~

Once you ~

- see her, you will never forget her.
- miss her, you will never catch her.
- go there, you will never come back.
- lose it, you will never find it.
- eat, you will never forget the taste.

여기서 'How'는 '어떻게?'의 의미가 아닌, '얼마나?'의 의미로 쓰였습니다. 무엇의 상태가 어느 정도인지 물을 때 사용하는 패턴입니다.

얼마나 ~

> 그녀는 아름다워?
>
> 그 고양이가 빨라?
>
> 그 장소는 멀어?
>
> 그곳으로 가는 길이 복잡해?
>
> 그 사과 파이는 맛있어?

B가 응답한다

한 번 보면 절대 잊혀지지 않는 것들이 있지요. 정말 아름다운 자연 풍경이라든지… 이 패턴을 사용해 당신이 겪었던 어떤 경험의 놀라움에 대해 말할 수 있겠네요.

한 번 ~

> 그녀를 보면, 넌 절대 그녀를 잊지 않을 거야.
>
> 그녀를 놓치면, 넌 절대 그걸 잡지 못할 거야.
>
> 거기에 가면, 넌 절대 돌아오지 못할 거야.
>
> 잃어버리면, 넌 절대 찾지 못할 거야.
>
> 먹으면, 넌 절대 그 맛을 잊지 않을 거야.

Unit 067
서로 대화하는 두 개의 패턴! PATTERN A+B

A: How beautiful is she?

B: Once you see her, you will never forget her.

A: How fast is the cat?

B: Once you miss her, you will never catch her.

A: How far is the place?

B: Once you go there, you will never come back.

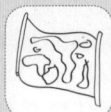

A: How complicated is the way to go there?

B: Once you lose it, you will never find it.

A: How delicious is the apple pie?

B: Once you eat, you will never forget the taste.

A: 그녀는 얼마나 아름다워?

B: 한 번 그녀를 보면, 넌 절대 그녀를 잊지 않을 거야.

A: 그 고양이는 얼마나 빨라?

B: 한 번 그녀를 놓치면, 넌 절대 그걸 잡지 못할 거야.

A: 그 장소는 얼마나 멀어?

B: 한 번 거기에 가면, 넌 절대 돌아오지 못할 거야.

A: 그곳으로 가는 길이 얼마나 복잡해?

B: 한 번 잃어버리면, 넌 절대 찾지 못할 거야.

A: 그 사과 파이는 얼마나 맛있어?

B: 한 번 먹으면, 넌 절대 그 맛을 잊지 않을 거야.

Unit 068

PATTERN A

~은 가치가 있어.
It is worth ~

It is worth ~
- reading that book.
- learning Esperanto.
- losing weight.
- discussing this topic further.
- graduating from a prestigious university.

PATTERN B

~은 소용 없어.
It is useless ~

It is useless ~
- to read that book.
- to learn Esperanto.
- to lose weight.
- to discuss it further.
- to graduate from a prestigious university.

누구나 나름대로의 다른 가치관을 가지고 있지요. 당신이 가치 있다고 여기는 것에 대해 누군가에게 말하려 한다면, 이 패턴을 사용할 수 있습니다.

~은 가치가 있어.

그 책을 읽는 것은

에스페란토어를 배우는 것은

살을 빼는 것은

이 주제에 대해 더 토론하는 것은

명문대를 졸업하는 것은

B가 응답한다

아무리 봐도 쓸모 없는 짓인 것처럼 보이는데… 친구가 말하기론, 그건 그럴 만한 가치가 있다고 하네요. 이 패턴을 사용해, 다시 그건 쓸모 없는 짓이라 반박할 수 있습니다.

~은 소용 없어.

그 책을 읽는 것은

에스페란토어를 배우는 것은

살을 빼는 것은

그것을 더 토론하는 것은

명문대를 졸업하는 것은

Unit 068
서로 대화하는 두 개의 패턴! PATTERN A+B

A: It is worth reading that book.

B: No, it's useless. **The book is a pack of lies.**

A: It is worth learning Esperanto.

B: No, it's useless. **No one use Esperanto.**

A: It is worth losing weight.

B: No, it's useless. **You still can't get a boyfriend.**

A: It is worth discussing this topic further.

B: No, it's useless. **We can't reach a conclusion.**

A: It is worth graduating from prestigious university.

B: No, it's useless. **You will just be a high quality labor.**

A: 그 책을 읽는 것은 가치가 있어.

B: 아니, 소용 없어. 그 책은 온통 거짓말 투성이야.

A: 에스페란토어를 배우는 것은 가치가 있어.

B: 아니, 소용 없어. 아무도 에스페란토어를 사용하지 않아.

A: 살을 빼는 것은 가치가 있어.

B: 아니, 소용 없어. 그런다고 남자친구가 생기진 않아.

A: 이 주제에 대해 더 토론하는 것은 가치가 있어.

B: 아니, 소용 없어. 우린 결론에 도달하지 못할 거야.

A: 명문대를 졸업하는 것은 가치가 있어.

B: 아니, 소용 없어. 넌 고급 노예가 될 뿐이야.

Unit 069

(A가 말을 걸면)

PATTERN A

너는 ~하는대로 ~을 할 수 있어.
We can ~ as soon as ~

We can ~ as soon as ~

- ride a bicycle / the weather gets better.
- begin the party / the DJ arrives.
- have a drink / we turn 20.
- eat it / cheese melts down.
- be rich / my husband dies.

PATTERN B

난 ~할 때까지 기다릴 수 없어.
I can't wait until ~

I can't wait until ~

- the weather gets better.
- he arrives.
- we turn 20.
- cheese melts down.
- he dies.

모두가 기다리고 있는 어떤 일을, 단 하나의 조건이 충족되지 않아 하지 못 하고 있다면 이 패턴을 사용해 그에 대해서 말할 수 있습니다. 'as soon as ~'는 '~하자마자 곧'이라는 뜻의 표현입니다.

너는 ~하는대로 ~을 할 수 있어.

- 날씨가 좋아지는 대로 / 자전거를 탈
- DJ가 도착하는대로 / 파티를 시작할
- 스무 살이 되는 대로 / 술을 마실
- 치즈가 녹는 대로 / 그것을 먹을
- 내 남편이 죽는 대로 / 부자가 될

B가 응답한다

정말 간절히 기다리고 있는 일이 있는데, 그 일을 하기 위해서는 조금 더 기다려야 한다는군요. 무엇인가를 먼저 한 뒤에야 비로소 그 일을 할 수 있다고요. 그럴 때면 이 패턴을 사용해 불평의 말을 할 수 있습니다.

난 ~할 때까지 기다릴 수 없어.

- 날씨가 좋아질
- 그가 도착할
- 우리가 스무 살이 될
- 치즈가 녹을
- 그가 죽을

Unit 069
서로 대화하는 두 개의 패턴! PATTERN A+B

A: We can ride a bicycle as soon as the weather gets better.

B: I can't wait until then. **What if it never stops?**

A: We canbegin the party as soon as the DJ arrives.

B: I can't wait until then. **So many pretty girls are here.**

A: We can have a drink as soon as we turn 20.

B: I can't wait until then. **I wonder what it feels like.**

A: We can eat it as soon as cheese melts down.

B: I can't wait until then. **I'm too starving.**

A: We can be rich as soon as my husband dies.

B: I can't wait until then. **We have to do something.**

A: 너는 날씨가 좋아지는 대로 자전거를 탈 수 있어.

B: 그때까지 기다릴 수 없어. 비가 그치지 않으면 어떡해?

A: 너는 DJ가 도착하는대로 파티를 시작할 수 있어.

B: 그때까지 기다릴 수 없어. 여긴 예쁜 애들이 너무 많은 걸.

A: 너는 스무 살이 되는 대로 술을 마실 수 있어.

B: 그때까지 기다릴 순 없어. 그게 무슨 느낌인지 궁금하단 말이야.

A: 너는 치즈가 녹는 대로 그것을 먹을 수 있어.

B: 그때까지 기다릴 수 없어. 난 너무 배고파.

A: 너는 내 남편이 죽는 대로 부자가 될 수 있어.

B: 그때까지 기다릴 수 없어. 우리 뭔가를 해 보자.

Unit 070

PATTERN **A**

~라는 게 확실하니?
Are you sure ~

Are you sure ~

you can handle it?

this restaurant is the best?

you won't regret this?

the stock will increase within a month?

she likes me?

PATTERN **B**

난 ~라고 한 적 없어.
I've never said ~

I've never said ~

I could handle it.

it was the best.

I wouldn't regret this.

it would be soon.

she liked you.

모든 일에 확신을 가지고 시작할 수는 없지요. 어떤 일을 시작하기 전마다 우리는 물어보고는 합니다. '그거 확실하니? 정말 확신하는 거야?'라고 말이에요. 상대방의 말이나 행동에 대해서 위와 같은 질문을 할 때는 이 패턴을 사용하면 됩니다. 'sure'는 '확신하다'는 뜻의 단어입니다.

~라는 게 확실하니?

네가 그걸 다룰 수 있다는

이 식당이 최고라는

네가 이것을 후회하지 않을 것이라는

그 주식이 한 달 안에 증가할 것이라는

그녀가 나를 좋아한다는

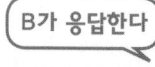

B가 응답한다

무심코 던진 말인데, 친구가 그 말을 정말로 믿고 있는 것 같습니다. 심지어 당신에게 정말 그게 맞는 거냐며 진지하게 확인까지 하려고 하네요. 이제와 아니라고 했다가는 험한 꼴을 당할지도 모릅니다. 그렇다면 그냥 그런 말을 한 적 없다며 잡아떼는 수밖에 없겠군요. 바로 이 패턴을 사용해서요.

난 ~라고 한 적 없어.

내가 그걸 다룰 수 있다고

그것이 최고라고

내가 이것을 후회하지 않을 거라고

그게 금방일 것이라고

그녀가 너를 좋아한다고

Unit 070
서로 대화하는 두 개의 패턴! PATTERN A+B

A: Are you sure you can handle it?

B: I've never said that. **I mean I just want to give it a try.**

A: Are you sure this restaurant is the best?

B: I've never said that. **I mean it's better than the other one.**

A: Are you sure you won't regret this?

B: I've never said that. **I mean I just have no choice.**

A: Are you sure the stock will increase within a month?

B: I've never said that. **I mean it would someday.**

A: Are you sure she likes me?

B: I've never said that. **I mean she asked me about you.**

A: 네가 그걸 다룰 수 있다는 게 확실하니?

B: 난 그렇게 말한 적 없어. 그냥 한 번 더 시도해 보자는 말이지.

A: 이 식당이 최고라는 게 확실하니?

B: 난 그렇게 말한 적 없어. 그냥 거기보다는 낫다는 말이지.

A: 네가 이것을 후회하지 않을 것이라는 게 확실하니?

B: 난 그렇게 말한 적 없어. 그냥 선택의 여지가 없다는 말이지.

A: 그 주식이 한 달 안에 증가할 것이라는 게 확실하니?

B: 난 그렇게 말한 적 없어. 언젠가는 그럴 거라는 말이지.

A: 그녀가 나를 좋아한다는 게 확실하니?

B: 난 그렇게 말한 적 없어. 난 그냥 그녀가 너에 대해서 물어봤었다는 말이야.

Unit 071

 A가 말을 걸면

PATTERN A

난 ~을 하느라 힘들어.
I'm having difficulty ~

I'm having difficulty ~
- learning Chinese.
- losing my weight.
- living alone.
- making a living.
- communicating with him.

PATTERN B

~하는 게 누구에게나 쉬운 건 아니지.
It's not easy for everybody ~

It's not easy for everybody ~
- to learn Chinese.
- to lose their weight.
- to live alone.
- to make a living.
- to communicate with him.

어떤 일을 끝내느라 너무나도 힘이 들었습니다. 시간이 지난 후에 그 일에 대해서 다시 떠올려 보면, '와... 진짜 그때 그걸 하느라 힘들었어'라는 생각이 들 수 있겠지요. 그런 상황을 표현하고 싶을 때 사용할 수 있는 패턴입니다.

난 ~을 하느라 힘들어.

- 중국어를 배우느라
- 살을 빼느라
- 혼자서 사느라
- 벌어먹고 사느라
- 그와 대화하느라

B가 응답한다

어떤 일을 잘 하지 못해 어려움을 겪고 있는 친구가 있다면 이 패턴을 사용해 위로해 주세요. 하지만 상황에 따라서 위로가 아니라 조롱으로 들릴 수도 있겠군요. '하긴, 너 같은 사람에겐 그리 쉬운 게 아니겠지.'라는 의미로 받아들일 수도 있잖아요.

~하는 게 누구에게나 쉬운 건 아니지.

- 중국어를 배우는 게
- 살을 빼는 게
- 혼자 사는 게
- 벌어먹고 사는 게
- 그와 대화하는 게

Unit 071
서로 대화하는 두 개의 패턴! PATTERN A+B

A: I'm having difficulty learning Chinese.

B: It's not easy for everybody. **How about learning Japanese instead?**

A: I'm having difficulty losing my weight.

B: It's not easy for everybody. **You need to know it takes time.**

A: I'm having difficulty living alone.

B: It's not easy for everybody. **Freedom is expensive, you know.**

A: I'm having difficulty making a living.

B: It's not easy for everybody. **How about we immigrate?**

A: I'm having difficulty communicating with him.

B: It's not easy for everybody. **In my case, I just pretend to listen.**

A: 난 중국어를 배우느라 힘들어.

B: 누구에게나 쉽진 않지. 대신에 일본어를 배우는 건 어때?

A: 난 살을 빼느라 힘들어.

B: 누구에게나 쉽진 않지. 그건 시간이 걸린다는 걸 알아야 해.

A: 난 혼자서 사느라 힘들어.

B: 누구에게나 쉽진 않지. 알다시피, 자유는 비싼 거잖아.

A: 난 벌어먹고 사느라 힘들어.

B: 누구에게나 쉽진 않지. 우리 이민 가는 게 어때?

A: 난 그와 대화하느라 힘들어.

B: 누구에게나 쉽진 않지. 내 경우, 난 그냥 듣는 척만 해.

Unit 072

A가 말을 걸면

PATTERN A

~하다니 미쳤구나.
You are crazy ~

You are crazy ~
- to say that.
- to buy that.
- to quit the job.
- to eat that all.
- to ask him out.

PATTERN B

내가 ~한 게 아니야.
I'm not the one ~

I'm not the one ~
- who said that.
- who bought this.
- who quit the job.
- who had this all.
- who asked him out.

도무지 이해할 수 없는 행동을 하는 사람들이 있지요. '그게 무슨 짓이야, 정말 미쳤다…'라는 말이 절로 나오게 하는 그런 사람들이요. 그런 행동을 하는 사람들에게 말해 줄 수 있는 패턴입니다.

~하다니 미쳤구나.

그렇게 말하다니

그걸 사다니

일을 그만 두다니

그걸 전부 먹다니

그에게 데이트 신청을 하다니

B가 응답한다

오해를 받는 것은 정말 괴로운 일입니다. 회사에 이상한 소문이 돌고 있는데, 그 소문의 주인공이 바로 당신이라는군요. 당신은 그런 짓을 하지도 않았는데요. 이 패턴을 사용해서 당신의 억울함을 풀어보세요. '내가 한 일이 아니야!'라고요.

내가 ~한 게 아니야.

그걸 말한

그걸 산

일을 그만둔

그걸 전부 먹은

그에게 데이트 신청한

Unit 072
서로 대화하는 두 개의 패턴! PATTERN A+B

A: You are crazy to say that.

B: I'm not the one who said that. **Don't get me wrong.**

A: You are crazy to buy that.

B: I'm not the one who bought this. **It was my roommate.**

A: You are crazy to quit the job.

B: I'm not the one who quit the job. **They just fired me. I didn't have any choice.**

A: You are crazy to eat that all.

B: I'm not the one who had this all. **There were visitors last night.**

A: You are crazy to ask him out.

B: I'm not the one who asked him out. **He asked me out first.**

A: 그렇게 말하다니 미쳤구나.

B: 내가 그렇게 말한 게 아니야. 날 오해하지 마.

A: 그걸 사다니 미쳤구나.

B: 내가 그걸 산 게 아니야. 내 룸메이트가 산 거야.

A: 일을 그만 두다니 미쳤구나.

B: 내가 일을 그만둔 게 아니야. 그들이 날 자른 거지. 난 선택의 여지가 없었어.

A: 그걸 전부 먹다니 미쳤구나.

B: 내가 이걸 다 먹은 게 아니야. 어젯밤에 손님이 있었어.

A: 그에게 데이트 신청을 하다니 미쳤구나.

B: 내가 그에게 데이트 신청을 한 게 아니야. 그가 먼저 나에게 데이트를 신청했어.

Unit 073  A가 말을 걸면

PATTERN A

~라는 게 사실이니?
Is it true ~

Is it true ~
- that he's a spy?
- that he won a lottery?
- that he's having an affair?
- that James is a son of the CEO?
- that this restaurant puts drugs in the food?

PATTERN B

아무도 ~을 모르지.
Nobody knows ~

Nobody knows ~
- whether he's a spy or not.
- whether he won a lottery or not.
- whether he's having an affair or not.
- whether James is a son of the CEO or not.
- whether this restaurant puts drugs in the food or not?

믿기 힘든 소문을 들었습니다. 무턱대고 그걸 믿기보다는, 일단 잘 알만한 다른 사람에게 확인을 해 보는 것이 좋겠지요. 확인되지도 않은 사실을 떠들고 다녔다가는 무슨 화를 입을 지도 모르잖아요. 이 패턴을 사용해, 어떤 일에 대한 사실 여부를 물어볼 수 있습니다.

~라는 게 사실이니?

그가 스파이라는

그가 복권에 당첨됐다는

그가 바람을 피우고 있다는

제임스가 사장님의 아들이라는

이 레스토랑이 음식에 마약을 넣는다는

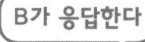

어떤 소문이 떠돌고 있는데, 그것이 정말 진짜인지는 알 수 없는 경우. 그런 경우를 가리켜 흔히 '심증은 있지만 물증은 없다'라고 표현하고는 하지요. 그처럼, 아무도 정확히 알지는 못하는 어떤 일에 대해서 말할 때 이 패턴을 사용할 수 있습니다.

아무도 ~을 모르지.

그가 스파이인지 아닌지를

그가 복권에 당첨됐는지 아닌지를

그가 바람을 피우고 있는지 아닌지를

제임스가 사장님의 아들인지 아닌지를

이 레스토랑이 음식에 마약을 넣는지 아닌지를

Unit 073
서로 대화하는 두 개의 패턴! PATTERN A+B

A: Is it true that he's a spy?

B: Nobody knows. **But, let's kill him just in case.**

A: Is it true that he won a lottery?

B: Nobody knows. **But, he quit the job and bought a Ferrari.**

A: Is it true that he's having an affair?

B: Nobody knows. **But, he had such an issue before.**

A: Is it true that James is a son of the CEO?

B: Nobody knows. **But, I will ask him out just in case.**

A: Is it true that this restaurant puts drugs in the food?

B: Nobody knows. **But, it tastes little bit weird.**

A: 그가 스파이라는 게 사실이니?

B: 아무도 모르지. 하지만 혹시 모르니 그를 죽이자.

A: 그가 복권에 당첨됐다는 게 사실이니?

B: 아무도 모르지. 하지만 그가 일을 그만두고 페라리를 사긴 했더라고.

A: 그가 바람을 피우고 있다는 게 사실이니?

B: 아무도 모르지. 하지만 그는 전에도 그런 일이 있긴 했어.

A: 제임스가 사장님의 아들이라는 게 사실이니?

B: 아무도 모르지. 하지만 혹시 모르니 나 그와 데이트를 해 볼 거야.

A: 이 레스토랑이 음식에 마약을 넣는다는 게 사실이니?

B: 아무도 모르지. 하지만 조금 기이한 맛이긴 해.

Unit 074

PATTERN A

언제 내가 ~해야 해?
When should I ~

When should I ~
- give the answer?
- renew the contract?
- get a bus ticket?
- put cheese in the pasta?
- submit the application?

PATTERN B

~하기엔 이미 늦었어.
It's already too late ~

It's already too late ~
- to give the answer.
- to renew the contract.
- to get a bus ticket.
- to put cheese.
- to submit the application.

리포트 제출 기한을 맞추느라 고생했던 적이 있나요? 제출 마감일을 잘못 알아서, 열심히 준비해 두었던 리포트가 무용지물이 된다면 정말 속상하겠지요. 어떤 일의 기한에 대해서 확인할 때 이 패턴을 사용하여 말해 보세요.

언제 내가 ~해야 해?

- 답을 줘야
- 계약서를 갱신해야
- 버스 티켓을 예매해야
- 파스타에 치즈를 넣어야
- 지원서를 내야

B가 응답한다

'늦었다고 생각한 때가 가장 빠른 때'라는 말도 있지만, 글쎄요. 어떤 일은 늦으면 그냥 그걸로 끝이지요. 늦었다고 생각했다면 그냥 늦은 겁니다. '그걸 하기엔 너무 늦었어'라는 말을 하고자 할 때 사용할 수 있는 패턴입니다.

~하기엔 이미 늦었어.

- 답을 주기엔
- 계약서를 갱신하기엔
- 버스 티켓을 예매하기엔
- 치즈를 넣기엔
- 지원서를 내기엔

Unit 074
서로 대화하는 두 개의 패턴! PATTERN A+B

A: When should I give the answer?

B: It's already too late. **I've already made a decision.**

A: When should I renew the contract?

B: It's already too late. **We should find a new apartment.**

A: When should I get a bus ticket?

B: It's already too late. **Now you have to get a flight ticket.**

A: When should I put cheese in the pasta?

B: It's already too late. **The pasta's already been burnt.**

A: When should I submit the application?

B: It's already too late. **They've already hired.**

A: 언제 내가 답을 줘야 해?

B: 이미 늦었어. 나 이미 결정을 내렸어.

A: 언제 내가 계약서를 갱신해야 해?

B: 이미 늦었어. 우리는 새 아파트를 찾아야 해.

A: 언제 내가 버스 티켓을 예매해야 해?

B: 이미 늦었어. 이제 넌 비행기 티켓을 끊어야 해.

A: 언제 내가 파스타에 치즈를 넣어야 해?

B: 이미 늦었어. 파스타가 이미 타버렸잖아.

A: 언제 내가 지원서를 내야 해?

B: 이미 늦었어. 그들이 이미 채용을 했어.

Unit 075

PATTERN A

어떤 종류의 ~
What kind of ~

What kind of ~
- movie do you like most?
- music do you like most?
- food do you like most?
- computer game do you like most?
- alcohol do you like most?

PATTERN B

내가 가장 좋아하는 종류의 ~
My favorite kind of ~

My favorite kind of ~
- movie is action.
- music is gangster rap.
- food is Italian.
- computer game is simulation.
- alcohol is wine.

소개팅을 했던 이성과 함께 영화를 보러 가기로 했습니다. 상대방이 어떤 영화를 좋아하는지 미리 캐치하여 예매를 해 둔다면 더 센스 있어 보이겠지요. 이 패턴을 통해, 어떤 종류의 영화를 좋아하느냐고 물어보세요.

어떤 종류의 ~

영화를 가장 좋아하니?

음악을 가장 좋아하니?

음식을 가장 좋아하니?

컴퓨터 게임을 가장 좋아하니?

술을 가장 좋아하니?

B가 응답한다

무엇을 가장 좋아하는지 말할 때 사용하는 패턴입니다. 'kind', 즉 종류에 대해서 말하는 것이니 카테고리를 분류할 수 있는 대상에 대해서만 이야기할 수 있겠지요.

내가 가장 좋아하는 종류의 ~

영화는 액션이야.

음악은 갱스터 랩이야.

음식은 이탈리안이야.

컴퓨터 게임은 시뮬레이션이야.

술은 와인이야.

Unit 075
서로 대화하는 두 개의 패턴! PATTERN A+B

A: What kind of movie do you like most?

B: My favorite kind of movie is action.

A: What kind of music do you like most?

B: My favorite kind of music is gangster rap.

A: What kind of food do you like most?

B: My favorite kind of food is Italian.

A: What kind of computer game do you like most?

B: My favorite kind of computer game is simulation.

A: What kind of alcohol do you like most?

B: My favorite kind of alcohol is wine.

A: 어떤 종류의 영화를 가장 좋아하니?

B: 내가 가장 좋아하는 종류의 영화는 액션이야.

A: 어떤 종류의 음악을 가장 좋아하니?

B: 내가 가장 좋아하는 종류의 음악은 갱스터 랩이야.

A: 어떤 종류의 음식을 가장 좋아하니?

B: 내가 가장 좋아하는 종류의 음식은 이탈리안이야.

A: 어떤 종류의 컴퓨터 게임을 가장 좋아하니?

B: 내가 가장 좋아하는 종류의 컴퓨터 게임은 시뮬레이션이야.

A: 어떤 종류의 술을 가장 좋아하니?

B: 내가 가장 좋아하는 종류의 술은 와인이야.

Unit 076  A가 말을 걸면

PATTERN A
가장 좋아하는 ~이 뭐야?
What is your favorite ~

What is your favorite ~
- Korean food?
- movie?
- song?
- color?
- flavor of ice-cream?

PATTERN B
내가 가장 좋아하는 ~
My favorite ~

My favorite ~
- Korean food is Bibimbap.
- movie is "Matrix".
- song is "How do I".
- color is white.
- flavor of ice-cream is pistachio.

가장 좋아하는 영화가 무엇인가요? 많고 많은 영화들 중에서 그것을 가장 좋아하는 데에는 특별한 이유나 사연이 있는 것이겠지요. 상대방에게 가장 좋아하는 것이 무엇인지 물어볼 때 이 패턴을 사용해서 말해 보세요.

가장 좋아하는 ~이 뭐야?

- 한국 음식이
- 영화가
- 노래가
- 색깔이
- 아이스크림 맛이

B가 응답한다

좋고 싫음이 분명한 편이신가요? 호 불호가 뚜렷하지 않은 사람들은 '무얼 가장 좋아해?'라는 질문에도 선뜻 답변하기를 힘들어하고는 합니다. 가장 좋아하는 음식은 무엇인지, 영화는 무엇인지 등에 대해 말할 때 이 패턴을 사용해 보세요.

내가 가장 좋아하는 ~

- 한국 음식은 비빔밥이야.
- 영화는 "매트릭스"야.
- 노래는 "How do I"야.
- 색깔은 흰색이야.
- 아이스크림 맛은 피스타치오야.

Unit 076
서로 대화하는 두 개의 패턴! PATTERN A+B

A: What is your favorite Korean food?

B: My favorite Korean food is Bibimbap.

A: What is your favorite movie?

B: My favorite movie is "Matrix".

A: What is your favorite song?

B: My favorite song is "How do I".

A: What is your favorite color?

B: My favorite color is white.

A: What is your favorite flavor of ice-cream?

B: My favorite flavor of ice-cream is pistachio.

A: 가장 좋아하는 한국 음식이 뭐야?

B: 내가 가장 좋아하는 한국 음식은 비빔밥이야.

A: 가장 좋아하는 영화가 뭐야?

B: 내가 가장 좋아하는 영화는 "매트릭스"야.

A: 가장 좋아하는 노래가 뭐야?

B: 내가 가장 좋아하는 노래는 "How do I"야.

A: 가장 좋아하는 색깔이 뭐야?

B: 내가 가장 좋아하는 색깔은 흰색이야.

A: 가장 좋아하는 아이스크림 맛이 뭐야?

B: 내가 가장 좋아하는 아이스크림 맛은 피스타치오야.

Unit 077

 A가 말을 걸면

PATTERN A

~한 사람 있니?
Is there anyone ~

Is there anyone ~
- who can clean the classroom?
- who can fix the air conditioner?
- who can feed the cat?
- who can help me with my work?
- who can pass my letter to her?

PATTERN B

~해서 내가 얻는 게 뭔데?
What do I earn if I ~

What do I earn if I ~
- clean the classroom?
- fix it?
- feed the cat?
- help you?
- do that?

무엇인가를 원하는 혹은 무엇인가를 할 수 있는 누군가가 없느냐고 물을 때 사용할 수 있는 패턴입니다. 보통은 어떤 일에 지원자를 뽑을 때 이 패턴을 사용하고는 하지요.

~한 사람 있니?

교실 청소를 할 수 있는

에어컨을 고칠 수 있는

고양이에게 먹이를 줄 수 있는

내 일을 도와줄 수 있는

내 편지를 그녀에게 전해줄 수 있는

B가 응답한다

친구가 자기 일을 좀 도와달라고 합니다. 맨입으로 도와 줄 수는 없지요. 주는 게 있으면 오는 것도 있어야 하는 법이니까요. 이 패턴을 사용해, 그걸 해서 무얼 얻을 수 있는 것이냐 물어볼 수 있겠군요.

**~해서 내가
얻는 게 뭔데?**

교실 청소를 해서

그것을 고쳐서

고양이에게 먹이를 줘서

너를 도와줘서

그렇게 해서

Unit 077
서로 대화하는 두 개의 패턴! PATTERN A+B

A: Is there anyone who can clean the classroom?

B: What do I earn if I clean the classroom? **I want to keep classroom messy.**

A: Is there anyone who can fix the air conditioner?

B: What do I earn if I fix it? **I want to keep it warm.**

A: Is there anyone who can feed the cat?

B: What do I earn if I feed the cat? **I am not an animal lover.**

A: Is there anyone who can help me with my work?

B: What do I earn if I help you? **Will you treat me to a meal?**

A: Is there anyone who can pass my letter to her?

B: What do I earn if I do that? **I don't want you to go out with him.**

A: 교실 청소를 할 수 있는 사람 있니?

B: 교실 청소를 해서 내가 얻는 게 뭔데? 난 더러운 채로 있는 게 좋아.

A: 에어컨을 고칠 수 있는 사람 있니?

B: 에어컨을 고쳐서 내가 얻는 게 뭔데? 난 따뜻한 게 좋아.

A: 고양이에게 먹이를 줄 수 있는 사람 있니?

B: 고양이에게 먹이를 줘서 내가 얻는 게 뭔데? 난 동물 애호가도 아니야.

A: 내 일을 도와줄 수 있는 사람 있니?

B: 널 도와줘서 내가 얻는 게 뭔데? 저녁이라도 사 줄 거야?

A: 내 편지를 그녀에게 전해줄 수 있는 사람 있니?

B: 그렇게 해서 내가 얻는 게 뭔데? 난 네가 그와 사귀는 게 싫어.